Liderazgo en Seguridad

"No hay líderes sin personas que guiar"

FLAVIO LOERA GABRIEL

Primera edición, noviembre del 2016

Derechos reservados © 2016 Flavio Loera Gabriel

Todos los derechos reservados.

Ilustraciones: Sin derechos de autor

ISBN-10:1540443922

ISBN-13:978-1540443922

Número de Registro Público de Derecho de Autor: Pendiente

Ninguna parte de esta publicación podrá ser reproducida o transmitida en cualquier forma, o por cualquier medio electrónico o mecánico, incluyendo fotocopiado sin autorización por escrito del editor titular de los derechos.

DEDICADO A:

Todos los lideres que buscan ser mejores.

Contenido

Prologo (Liderazgo – vs- Liderazgo en Seguridad) 6

1. Breve historia de la seguridad industrial..............................13
2. Liderazgo en ti..34
3. Para ser uno, hay que ser uno...44
4. Mejor ser que parecer...57
5. Muchos años, poca experiencia.......................................70
6. Coopelas o cuello...81
7. Rol, responsabilidad y autoridad de un líder en seguridad...........91
8. Empatía solida..109
9. Comunicación efectiva..123
10. Infundir respeto..134
11. Motivación..146
12. Compromiso Visible..164
13. El decálogo del líder en seguridad...............................179
14. Agradecimiento..182

Prólogo

Liderazgo – VS – Liderazgo en Seguridad

Naturalmente en las situaciones cotidianas que se nos presentan, será imperativo que una persona asuma el mando y dirija a otra u otras hacia un objetivo, o simplemente para manejar una situación. De esa misma forma natural actúan la mayoría de los animales, y sin ser despectivo; con esto me refiero a que no es extraordinario ser esa persona que asume o tiene que asumir ese rol de dirección, o inclusive de presencia como el que manda/domina/dirige a los otros.

Instintivamente los animales actúan para protegerse entre ellos, especialmente cuando son del mismo tipo, descendencia o grupo, aunque en una que otra película infantil de esas que algunos de nosotros nos hemos tenido que chutar casi todas, se nos presentan casos donde algunos muy carnívoros conviven de forma muy natural con otros con buena carne para devorar; sin embargo, solo basta ver un poco más los canales de la sección de arte y cultura para darnos cuenta de que definitivamente algunas especies no conviven fácilmente entre sí. Existen ejemplos muy específicos de como algunas especies de animales protegen a sus crías de ese tipo de depredadores, pero también hay ejemplos de algunos que pueden llegar a sacrificar a alguno del grupo con tal de no ponerse en mayor peligro ellos mismos o a una manada completa.

Tal es el caso de las cebras, las cuales conocí muy de cerca en un bioparque acá en los rumbos de Nuevo León hace algunos meses, lo cual me hizo indagar sobre uno de los detalles que menciono el guía y que más me llamo la atención. Resulta que; al nacer en un entorno salvaje corren un alto riesgo de ser atrapados por hienas, perros salvajes, tigres, leones y otros carnívoros veloces, y su forma de actuar con un recién nacido, es dejarlo atrás si no fue capaz de aprender a correr de forma veloz para cuando esto se presentara. Aunque también es cierto que las yeguas y los potros se agrupan y se mueven mientras el macho dominante intenta ahuyentar a los atacantes, pero no lo puede hacer por mucho tiempo para darle oportunidad a los menos veloces, y por esta simple razón se dejan atrás a esos potrillos, porque es inteligente que sea solo una la presa y no dos o más.

La jerarquía del grupo de cebras se refleja en la forma como se acomodan sus miembros; delante de todos, anda la yegua más vieja con sus potros, le siguen las yeguas menores por orden de edad, también con sus potros, y al final cierra el grupo el macho dominante o jefe del harén (harén con n), como es conocido un grupo de cebras de montaña, no se me confundan con "harem con m", aunque la comparación es muy válida, ya que usualmente un grupo de cebras se conforma de aproximadamente seis yeguas, sus potros y solo un macho dominante, al estilo de algunas religiones o de culturas del medio oriente donde puedes ser jefe de familia y tener tantas esposas como puedas mantener. Y cabe mencionar que no todos los machos son o pueden ser machos dominantes, de hecho, los que no son o logran serlo, usualmente se retiran y viven solos, ósea que no todos son o pueden ser "líderes" de harén.

El líder del harén anda al final del grupo porque usualmente un depredador planea sigilosamente su caza tratando de tomar desprevenida a su presa, por lo que nunca ataca de frente, así el macho dominante sería el primero en darse cuenta del posible ataque y por lo tanto es el primero en enfrentar al o los agresores; esa es su responsabilidad como líder de la manada completa, no de sí mismo o de proteger solo a los menores y por lo tanto toma o puede tomar decisiones "por instinto", aunque inteligentemente pensando en que su grupo dependerá de ese tiempo que gana al tratar de ahuyentar y distraer al cazador en el momento, pero sobre todo para mandar un mensaje de defensa y continuar siendo protector en el futuro.

"Un líder es como un pastor. Se queda detrás del rebaño dejando que los animales más hábiles caminen adelante mientras todos los demás los siguen sin darse cuenta de que en realidad están siendo dirigidos desde la retaguardia".- **Nelson Mandela**, ex presidente de Sudáfrica.

Con este ejemplo podemos adentrarnos a la enorme diferencia entre el simple liderazgo y el liderazgo orientado a la protección de un miembro, y más aun de un grupo. Simplemente; porque no es lo mismo buscar un fin sin importar las consecuencias, que buscar el mismo fin dando prioridad al bienestar de todos los que trabajan por ello y por lo tanto dándole la mayor de las importancias al cuidado de cada uno.

El concepto de líder conlleva un sinnúmero de adjetivos, habilidades, actitudes, formas y rasgos de personalidad; lo cual complica el proceso de tener una sola definición, porque eso limitaría a que existiera también solo un tipo de liderazgo como si fuera el único y correcto para todos los grupos, organizaciones, equipos, ejércitos y ámbitos de la vida.

Lo que sí puedo afirmar; es que el concepto de "Liderazgo en Seguridad", es uno que si podemos resumir, simplificar y principalmente aplicar; de tal manera que se convierta en la piedra angular que sustente el liderazgo efectivo para todos los fines convenientes de un equipo, ya que al final del día, todo lo que un grupo logra, lo logra a través de las personas, y estas lo conseguirán de forma óptima cuando tienen bienestar; desde el físico, el mental; y hasta el espiritual. Y eso; siempre será parte del reflejo de un gran líder.

"Al Líder del área de Seguridad le pagan por serlo, pero el Líder en Seguridad es el que tiene la mayor recompensa; el bienestar de sus trabajadores".

Flavio Loera Gabriel

1

Breve historia de la seguridad en el trabajo

Ilustración del Código Hammurrabi actualmente exhibido en el Museo de Louvre en Paris Francia.

La historia antigua de la seguridad personalmente la remonto a una buena cantidad de miles de años, 1728 AC, cuando nació en la antigua Mesopotamia "El Código Hammurabi", creado por el Rey de Babilonia Hammurabi, como una forma de dejar sentadas las bases jurídicas para la impartición de justicia. Este código está redactado en primera persona y relata cómo los dioses eligen al Rey Hammurabi para que ilumine al país y así asegurar el bienestar de la gente. Este código fue tallado en piedra y fue colocado en las plazas públicas para que todas las personas estuvieran conscientes de dichas reglas o leyes y los castigos que conllevaban algunas conductas, estaba redactado de forma simple, siempre iniciando con la preposición condicional de "si"; (si haces esto, el castigo aplicable es este). Se puede clasificar como una forma de aplicar reciprocidad o justicia por un daño sufrido. Cuando tu dañabas a una persona, de forma recíproca se te castigaría con el mismo daño, por ejemplo: cuando por una agresión le quebrabas un hueso a un hombre, a ti se te quebraría el mismo hueso; si robabas algo, se te cortaría una mano; o lo más cercano al tema de la seguridad y cuidado de la integridad de las personas, es el caso de los constructores, cuyas obras se derrumbarán, de igual forma se castigaría como mínimo reparando el daño, o con bienes materiales, pero incluso con la muerte, en caso de que el derrumbe hubiera provocado la muerte de una persona también.

Quizá esta parte de la historia mundial pueda parecer muy alejada de nuestros tiempos y por ende no aplicable a la sociedad moderna, pero la conocida "Ley del Talión" que forma parte del antiguo testamento en pasajes de Éxodo y Deuteronomio: "ojo por ojo, diente por diente, mano por mano, pie por pie, quemadura por quemadura, herida por herida, golpe por golpe" de alguna forma sigue siendo vigente como fundamento cuando hablamos de los daños y perjuicios en cuanto a términos legales se refiere, y de igual manera en términos dramáticos en las historias tele novelescas y de película que se traducen en una especie de venganza. El código Hammurabi tiene la esencia de esa ley, donde se te imponía una consecuencia en medida del daño causado, o incluso un castigo mayor que el daño hecho. Ya en estos pasajes bíblicos se hablaba de daños producto de un accidente, donde era mandato de alguna forma exentar de una culpa cuando una muerte se considerará accidental después de una pelea, también se menciona específicamente un ejemplo de la actividad de cortar leña, donde por accidente se zafara el hierro del mango de un hacha y este golpeara y matara a un compañero, se hablaba de ciudades destinadas como refugio para los que pudieran ser perseguidos injustamente por este tipo de casos de muerte accidental sin responsabilidad directa. Y una parte que considero aún más aplicable a esta historia de la seguridad, es cuando se refiere a un hombre que debía reponer las jornadas laborales de otro hombre al que hubiera dañado, como una especie de indemnización en nuestros tiempos modernos, o el hombre que golpeaba a su esclavo o servidor, pero este no moría en sus manos o al instante, entonces el hombre no tenía que ser juzgado de crimen, incluso si el esclavo moría después de un par de días a causa de la agresión, no sería inculpado el hombre, pues el sirviente era de su propiedad.

Pero no se me azoten con estos ejemplos aplicados en las civilizaciones antiguas, o se den golpes de pecho con esta parte de la historia, ustedes saben que en nuestra sociedad moderna no se aplica justicia de forma consistente, más aun en las empresas, donde el hilo se rompe de la parte más delgada, o sea; que siempre que ocurre un accidente, la persona lesionada es la que típicamente es castigada, y en muchas ocasiones de manera injusta deslindando la responsabilidad de su jefe inmediato. Simplemente estos ejemplos nos ponen un poco en el contexto para darnos la idea del origen de las leyes y normas, que junto con el derecho romano y otros países occidentales sentaron algo de las bases actuales.

Las grandes construcciones que datan de aquellos años, definitivamente fueron causantes de un gran número de accidentes fatales que para nada se consideraban responsabilidad de quienes lideraban dichas obras, afortunadamente este código no aplicaba para los egipcios o mayas liderando la construcción de las famosas pirámides de estas culturas. Esas muertes más bien eran consideradas parte del sacrificio que algunos trabajadores estaban dispuestos a ofrecer con tal de que los dioses estuvieran contentos con el resultado final, aunque no creo que se los hubieran mencionado a los obreros de esa manera al ser seleccionados como parte de estas edificaciones, o incluso muchos de ellos en calidad de esclavos mucho menos tenían opción. Solo basta imaginar el esfuerzo físico que implicaba mover y cargar grandes piedras o estructuras para darnos una idea del riesgo tan alto de lesiones fatales que existían, riesgos que eventualmente se empezarían a reducir con el uso de equipos o artefactos cada vez más innovadores que facilitaban las tareas que simplemente eran físicamente imposibles para una y hasta para varias personas.

Ilustración de cómo se transportaban los materiales en las construcciones antiguas.

La responsabilidad de un arquitecto o jefe de obra en aquellos años solo era concluir una obra con la estética solicitada o de acuerdo a su idea, quizá como en estos tiempos sucede con cualquier obra, donde se establecen tiempos de entrega y estándares de calidad, pero definitivamente no creo que existiese un métrico o limitante relacionada con la cantidad de hombres que trabajaban y menos con la cantidad que se accidentaban o morían durante el proceso. Esta aseveración, por sentido común nos debería hacer pensar; que los accidentes se consideraban daños colaterales. Dicho de otra forma: "perdidas aceptables", como parte del proceso. Simple y sencillamente una persona que no regresaba a trabajar era sustituida por otra al día siguiente, sin responsabilidad alguna hacia la familia de la persona fallecida por parte del jefe de una obra.

El Imperio Romano

En los años DC en especial en el cada vez más poderoso Imperio Romano se dio lugar a una serie de festejos después de la consolidación del mismo con los triunfos en distintas batallas lideradas por Julio Cesar, en estos festejos ahora relacionados con el concepto de "pan y circo" había un poco de todo; desde las variadas representaciones artísticas, desfiles, comedias y hasta las peleas en el Coliseo, donde lo que menos importaba era la vida de las personas, que en su mayoría eran esclavos y servían como entretenimiento para las masas. Este tipo de peleas podrían ser entre dos hombres, pero de igual forma se enfrentaban hombres contra animales salvajes. Estos eventos consentidos y quizá hasta planeados

por el mismo Dictador Julio Cesar, quizá con algunas intenciones escondidas de continuar mandando mensajes para los que se atrevieran a desafiar a su gobierno.

Recuerdo perfectamente la escena de una de las películas que relacionan este tema de las batallas en el Coliseo, donde el Emperador Romano señalaba con su pulgar si el Gladiador merecía vivir o morir después de haber librado una batalla. Era obvio que al Emperador no le interesaba ningún Gladiador Esclavo, al menos que lo pudiera aprovechar para pelear a favor en próximas batallas. Pero esto no esta tan lejos de como hoy en día los Jefes de Jefes o tú mismo decides cuando a un colaborador hay que darle mate y despedirlo de una compañía, sin importar las circunstancias personales o del entorno, incluyéndote a ti como Jefe, que solo levanta la mano para decirle a RH "no me sirve, contrátame a otro, este tiene muy mala actitud".

De igual forma podemos mencionar que en las guerras en la antigüedad y no creo que sea diferente en los tiempos recientes, el Líder a cargo de un ataque, siempre hacia una segregación del tipo de hombres que se podían arriesgar más a morir, y por lo tanto son los que iban delante de las tropas. Creo que en los casos de las guerras libradas por nuestros ejércitos mexicanos así sucedía o por lo menos así parecía que mandaba a sus Dorados no tan Dorados el buen Francisco Villa. Aunque la antigüedad está llena de ejemplos de Líderes, Generales de ejércitos con jerarquía de Reyes que le entraban a los catorrazos de manera directa, incluso al frente de la tropa, o por lo menos las versiones históricas de Hollywood así lo retratan.

El Feudalismo Antiguo

Ya en la época feudal, cuando predominaba la agricultura y la ganadería como la mayor fuente de riqueza, el tema del trato de un señor feudal hacia el campesino se asemeja a lo que después se convertiría en algunas regiones como el esclavismo, que penosamente es raíz de la historia de la humanidad, donde un subordinado estaba obligado a mantener sumisión ante su dueño, los cuales seguramente trataban de obtener la mayor ventaja de dichas personas, no solo obligándoles a realizar labores en los campos de cultivo o de cuidado del ganado, sino cualquier otra tarea que desearan sin importar cuán difícil o incluso denigrante pudiera ser, y la única retribución era el brindarles un lugar donde vivir y las necesidades básicas de alimento y vestido. Para muchos de los subordinados quizá esta retribución era suficiente, considerando que no todos tenían la posibilidad de mantener una actividad laboral estable y digna, mucho menos podían ser dueños de algún campo para cultivar o de algunas cabezas de ganado que les dieran esa autosuficiencia, y ni hablar que los temas raciales ya tenían una connotación negativa, especialmente para la raza afroamericana, a los que no se les tomaba en cuenta para poder ser trabajadores regulares en alguna otra actividad, por lo que no solo cuidaban el mantener la relación con su amo, sino apreciaban y agradecían tratando de dar su mayor esfuerzo en cada día y actividad con la última intención de que sus dueños estuvieran más que satisfechos.

Ilustración del feudalismo antiguo.

Los peligros de las actividades propias de una granja, campo agrícola o tareas domésticas generales, no se comparaban en aquellos tiempos, ni se comparan en la actualidad con los de la industria de la construcción o algunos trabajos más riesgosos, lo que si se podía considerar el mayor riesgo en contra de la integridad física de las personas realizando estas tareas, eran las largas jornadas de trabajo, quizá de hasta dieciséis horas todos los días, combinadas con el esfuerzo físico continuo de tareas muy repetitivas.

Sería incongruente pensar que el código Hammurabi o algún otro código de la antigüedad tuviera la intención de aplicarse para los daños no visibles, e incluso para las lesiones visibles que no provocaran la muerte, y claro que en todas las culturas antiguas no era una prioridad para los sistemas de gobierno establecidos el buscar ese balance del bienestar de las personas, de tal forma que se pudiera obligar a los patrones a cumplir obligatoriamente con medidas que garantizaran la salud y seguridad de sus subordinados.

Por esta razón es bueno conocer parte de esta historia, porque como se dice: "el que no conoce su historia está condenado a repetirla", y supongo que no nos gustaría estar en los tiempos de la aplicación del

Código Hammurabi o formas de justicia similares, aunque en ocasiones no suena tan mal, dada la forma de impartición de la justicia de nuestras autoridades en muchos casos y también puedo afirmarles que quizá algunos desearían tener esclavos o incluso ya los tienen, solo que no les han avisado que así es.

La revolución industrial

Dejando un poco de lado esta parte más antigua, ahora imaginemos por un momento la evolución que se empezó a dar en el sentido de la seguridad ya en los tiempos de la revolución industrial, cuando empezaron a diseñarse grandes máquinas para fabricar cada vez más y diversos productos, no solo pensando en satisfacer necesidades básicas, sino cada vez más creando nuevas necesidades, y la comercialización creciente, cuya exigencia de producción hacia que las condiciones de trabajo fueran cada vez más complicadas para los trabajadores que culturalmente apenas iniciaban a conocer este tipo de entornos laborales de producción en serie.

Desde que se empezó a medir el tiempo con relojes de sol, clepsidras y relojes de arena por los antiguos egipcios, ya se establecían de alguna manera las jornadas de trabajo, sobretodo basándose en el tiempo de luz natural que facilitaban algunas actividades. Las jornadas laborales en aquellas épocas quizá no eran tan específicas, lo más seguro es que una persona trabajaba más entre más largo era el día en temporada de verano, y por ende, trabajaba menos en época invernal al ser el día más corto. Es un hecho que tampoco se establecían contratos con estos detalles tan específicos de los horarios de trabajo, solo hasta las épocas más modernas, precisamente después de la llamada revolución industrial, donde ya se establecían horarios y jornadas de trabajo, aahhh, porque es importante no mezclar o confundir estos dos conceptos. La jornada representa el número de horas que un trabajador debe prestar su servicio, mientras que el horario fija la hora de entrada y la salida del lugar de trabajo. La jornada es el concepto clave para determinar la remuneración del patrón al trabajador, prevaleciendo sobre el horario que se convierte más en una cuestión de reglamento o disciplina muy necesaria en las organizaciones.

Las jornadas de trabajo definitivamente forman parte de la historia de la seguridad industrial, considerando el hecho que el bienestar de un trabajador esté ligado directamente al descanso necesario para recuperar la energía y continuar al mismo ritmo al día siguiente. La historia reciente nos indica que las jornadas laborales están establecidas por ley, cuyo límite de horas van de 40 y hasta 48 horas por semana, aunque también es cierto que no es una regla general, ya que existen casos como el de la nación norcoreana, donde se obligaba a más de 100 horas semanales en los trabajos de campo, o el caso contrario de algunos países occidentales como Alemania, Austria o Francia, cuyas jornadas actualmente son menores de 40 horas, y no quiero hablar mal de mis amigos asiáticos, que producen la gran mayoría de los artículos de uso diario, donde es común el trabajo por jornadas de 12 a 14 horas sin muchas restricciones del gobierno, incluso por la facilidad de que brindan a sus trabajadores de no tener que trasladarse a sus hogares al final de un día laboral, sino que cuentan con instalaciones para que permanezcan dentro de la zona o lugar de trabajo.

Así que, en este auge de revolución industrial a principios del siglo XX, después de los primeros intentos logrados de asociación sindical, fue cuando se empezó a limitar la jornada laboral a lo que es hoy en día en la mayoría de los países y que de la misma manera se estableció en la Constitución Política de nuestro país que data en su segunda versión de aquellos años también.

Una de las preocupaciones y principales ocupaciones de los sindicatos era el tema de la mecanización de los procesos, que era causante de una gran cantidad de accidentes y por lo tanto se convertía en una muestra de la falta de interés por los trabajadores, lo cual iba completamente en contra del objetivo de la unión sindical, no solo buscando la remuneración justa por el trabajo realizado, sino tratando de no regresar a una forma de esclavismo moderna.

Seguridad en Maquinaria

Las maquinas definitivamente llegaron para hacer el trabajo más fácil y a su vez producir el doble, desde las invenciones de Leonardo Da Vinci, que a pesar de que en su mayoría fueron pensadas para fines bélicos, estas, junto con las de otros contemporáneos sentaron las bases para muchos de los diseños que empezaron a proliferar precisamente con la Revolución Industrial. Y así conforme aumentaba el diseño y fabricación de maquinaria y equipo, en medida proporcional aumentaba el riesgo de accidentes, en especial accidentes de mayor gravedad.

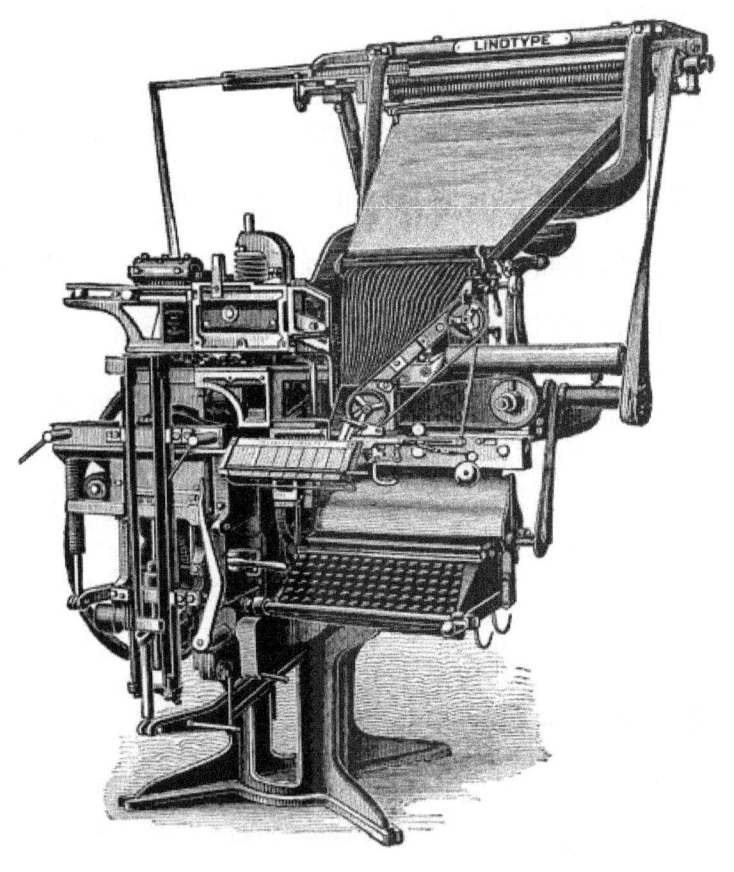

Ilustración del maquina antigua de impresión Linotype.

Es un hecho que los accidentes en las actividades laborales siempre han existido, desde los relacionados con productos químicos peligrosos que se iban descubriendo, las muertes por asfixia y derrumbes en las actividades de minería, las caídas de personas y materiales en las obras de construcción, los relacionados con animales domésticos en la agricultura y ganadería, y no se diga con animales salvajes en las actividades de cacería, además todos los que se presentaban en actividades manuales como la herrería, la alfarería, la carpintería y los demás oficios antiguos y actuales. Sin embargo, podemos afirmar que la maquinaria y equipo cada vez más complejo y pesado, vinieron a ser la variable que hasta la fecha provoca la mayoría de los accidentes incapacitantes en las Organizaciones, especialmente en las de Manufactura, ya que a pesar de que muchas maquinas son fáciles de operar, muchos de los accidentes, de hecho la mayoría de los accidentes, históricamente se presentan cuando hay pequeñas fallas o ajustes, sin dejar de lado los que también se ocasionan por la velocidad de operación de un equipo combinada con la necesidad de introducir alguna parte del cuerpo cerca de puntos de atrapamiento, sobretodo en maquinaria que no cuenta con alguna barrera física que lo impida.

La protección de los equipos/maquinaria pensada en la prevención de accidentes, definitivamente no era una prioridad al momento de diseñar a inicios del siglo XX, y quizá no lo fue durante la primera mitad del siglo, personalmente considero que empezó a evolucionar hasta después de la década de los 70s, donde se hacían más fuertes los sindicatos, principalmente en los Estados Unidos, que para ese entonces y sobre todo después de la 2da guerra mundial era una gran potencia en los temas de fabricación de todo tipo de productos.

Todos estos antecedentes forman parte de alguna manera del concepto de Seguridad Industrial y Salud Ocupacional, que ha hecho que la Normatividad de la mayoría de los países tome en cuenta para efectos de mantener, en medida de lo posible; el bienestar de los trabajadores de cualquier tipo de industria, incluyendo normas que hablan de los requisitos mínimos o recomendaciones que debería tener un tipo de maquinaria y hasta lo relacionado con las condiciones de las instalaciones en general.

"La Seguridad Industrial y Salud Ocupacional no es la ausencia de lesiones o enfermedades en el trabajo, esta inicia con la identificación de los peligros y la determinación de controles hasta un nivel aceptable de riesgo." Y las maquinas son el perfecto ejemplo de esta evolución de la seguridad en él y trabajo, ya que en estos años no basta con entrenar a las personas para no ponerse en riesgo cuando operan una máquina, sino que cada vez existen más dispositivos físicos y electrónicos en busca de garantizar que a pesar de que una persona cometa un error, esta no se ponga en riesgo de lesión.

Estos nos lleva a la historia moderna de las maquinas cada vez más inteligentes, robóticas, capaces de hacer el trabajo estandarizado de forma muy efectiva, cada vez sustituyendo más la mano de obra no calificada y en pro de la mano de obra especializada. Personalmente me ha tocado ver esa constante evolución en distintas operaciones de manufactura, incluyendo el experimentar como una maquina sustituye a un número de personas en un proceso productivo.

Ilustración de robot industrial.

Todos nosotros ya somos parte de esta nueva historia de las máquinas, y a su vez, parte de ese nuevo enfoque en pro del cuidado de las personas, que se da al mismo tiempo que aseguramos el buen funcionamiento de las maquinas, ya que al final del día, entre menos problemas presenten los equipos, menos riesgos de accidentes para todos los trabajadores y esto es la parte medular del Liderazgo en Seguridad.

2

Liderazgo en ti

Siguiendo un poco la línea de la historia y adentrándonos al tema del Liderazgo, sabemos que desde tiempos antiguos han existido jerarquías en los ejércitos, en los gobiernos, en las tripulaciones, en los equipos, en los departamentos dentro de una empresa, pero de igual forma en las familias, en los grupos sociales y hasta los clanes de amigos. Naturalmente todos somos capaces de ser y estar en la escalera de esas jerarquías, hasta arribota, ó sea de ser: "Jefes" y ser "Líderes", pero definitivamente; aunque se tiene esa capacidad individual, hay muchos que prefieren evadir una responsabilidad y así mantenerse como colaboradores en lugar de Jefes en una organización, aunque para fortuna de estos, hay una que otra Compañía donde parece que no hay Tlatoanis, todos parecen ser iguales o por lo menos quisieran serlo, aunque simplemente es imposible que todos sean Jefes, porque si no; entonces quien trabajaría.

Como lo mencione al inicio, las definiciones de Liderazgo son tan variadas, sin embargo en su mayoría están muy relacionadas al mundo de los negocios, tan es así que incluso hay una gran cantidad de variantes de acuerdo al tipo de Liderazgo Organizacional, y por lo tanto, así como hay distintos conceptos hasta en el diccionario, existe una vasta literatura al respecto, además que seguirá siendo un tema inagotable a través de los tiempos. Gracias a Dios y al mundo Corporativo por esta fuente inagotable, ya que esta es la razón por la que tengo la oportunidad y facultad de escribir este libro.

En mis caminatas matutinas habituales rumbo a la estación del metro Sendero, en mi actual Patria adoptada Zona Metropolitana de Monterrey Nuevo León, observo una gran cantidad de personas caminar de frente a mí, las cuales en su mayoría evitan cruzar la mirada de forma directa y más que observar simples personas, en momentos trato de observar y analizar a simple vista posibles actitudes, motivaciones, prioridades, circunstancias, que al final no todo el tiempo son tan visibles, menos por esa falta de contacto visual. Pero algo que invariablemente siempre observo, son: "líderes", personas con deseos de superación, padres y madres, líderes de familia, hijos y hermanos tratando de poner un buen ejemplo y mantener el bienestar de los suyos o al menos de forma personal. Y si bien es cierto que trato de observar con una simple mirada, de plano hay algunos a los que interpreto fácilmente, especialmente a los que no muestran señal de un carácter y personalidad fuerte, que se ve a leguas que no toman, ni quieren tomar la batuta ni con su vida y menos como líderes en ningún lugar o ámbito de su entorno, son aquellos que se ve que trabajan porque tienen que hacerlo y por simple motivación individual de medio sobrevivir, aquellos que pareciera que no les interesa siquiera tratar de ser mejores en el día a día.

Afortunadamente para nuestro país y el mundo en general, creo que son más los que sí tienen la convicción y asumen el compromiso de ser el pilar para su familia, comunidad, grupo de amigos, y hasta para su equipo de futbol.

Lo he repetido decenas de veces, especialmente en sesiones de capacitación en las empresas: "Somos Líderes", "Todos Somos Líderes" y lo digo con tal convicción, porque así lo creo y trato de transmitirlo continuamente, no solo con mis palabras, sino con mis acciones, tratando de ser primeramente una buena persona y un buen ejemplo en la vida en general, siempre buscando la justicia y la cooperación para un bien común, después de eso es más fácil ser líder, ya que siempre piensas más allá de tu persona y los demás lo notan.

"Antes de ser líder, el éxito sólo se trata del crecimiento propio. Una vez que te vuelves un líder, el éxito se define por el crecimiento de otros".- Jack Welch, ex director de GE.

Temo contradecirme, pero tengo que hacerlo, a pesar de que afirmo en el párrafo anterior mi convencimiento de que todos somos líderes, debo afirmar mi opinión acerca del dilema de si los lideres nacen o se hacen, y simplemente les digo que personalmente creo que: "los mejores lideres nacen", y los líderes en general se hacen.

Tampoco significa que tienes que tener una herencia genética y desde que estas en el vientre materno ya eres o no eres un líder, simplemente no hay comprobación que así sea, aunque puede haber ejemplos donde un hijo se puede asemejar bastante a su padres, este proceso se da con el tiempo y los primeros años de vida, pero no necesariamente desde su nacimiento.

"Los líderes no nacen, se hacen. Y se hacen de la misma manera que todo lo demás: a través del trabajo duro".- Vince Lombardi, ex entrenador de futbol americano.

Los mejores lideres ya tienen una personalidad intrínseca desde temprana edad, la cual se desarrolla especialmente en los primeros años de vida y van arraigando aún más esas características en los años de niñez y adolescencia, estos buenos líderes suelen ser personas muy originales o auténticas que se diferencian de los demás, carismáticos con los chicos y grandes, tienen gran confianza en sí mismos, usualmente son muy generosos y compartidos, muy persistentes en lo que se proponen, y desde chiquillos empiezan a ser seguidos por otros niños hasta para tomar la decisión de que juego jugaran juntos. La personalidad de un niño definitivamente va evolucionando y se ve influida por el entorno y las interacciones que tiene con los demás, pero hay rasgos que simplemente se traen o no se traen desde los primeros tres años de vida. Todos los que tienen más de un hijo pueden relacionar y comparar algunas de estas características, y los padres tienen o pueden tener una gran influencia en como desarrollan o no las mismas, desde que les permitimos arreglar sus diferencias de la manera que ellos decidan, pero siempre buscando la justicia, o en los momentos que les delegamos tareas específicas de cuidarse unos a los otros, o de dirigir una actividad entre ellos mismos. Desde esos momentos les estamos permitiendo que sigan ejercitando algunas de las potenciales características de liderazgo, para que no solo sean líderes, sino que busquen ser de los mejores, ya que lo que sigue es la continua preparación a través de los buenos hábitos.

Las circunstancias siempre harán que surjan líderes, y es aquí donde los que no traen algunas de las características desde chiquillos tienen la oportunidad de echarse la responsabilidad a los hombros y sacar lo mejor de sí, siempre entendiendo que cuando eres un líder no se trata de ti, sino de un bien común.

Formula a seguir para aplicar el liderazgo.

Cuando somos adultos e invariablemente tenemos responsabilidades distintas a cuando éramos niños o jóvenes, por lo menos en nuestra familia directa, nos gusta mandar, y más que mandar, nos gusta que nos obedezcan, así de simple podemos afirmar que a todos nos gusta ser jefes y que se nos respete. Y ser jefe, automáticamente te convierte en líder, y aunque no signifique tener Liderazgo, ser líder no te convierte en un Líder en Seguridad, pero eso lo clarificaremos conforme avances en esta lectura, para que al final tengas un nuevo enfoque y sigas en el camino continuo del aprendizaje que todo líder debe seguir.

LIDER ≠ LIDER EN SEGURIDAD

Así que espero que estemos en la misma página y te quede claro que ser líder siempre está y estará a tu alcance, solo basta que reconozcas las oportunidades que se te presentan de serlo, no solo hay que esperar a que alguien te busque para que seas uno o que las circunstancias personales no te dejen otra alternativa, ya que un verdadero líder, lo es en distintos ámbitos de la vida, aunque también es cierto que hay que saber reconocer que no siempre serás el más indicado para representar ese liderazgo en cierto campo, grupo o circunstancias, donde quizá te falte el balance de la experiencia necesaria.

"Un verdadero líder, lo es en distintas circunstancias y ámbitos de su vida".

LIDERAZGO EN SEGURIDAD

3

Para ser uno, hay que ser uno

Una diferencia adicional entre los líderes y los considerados mejores líderes, si de comparación se trata, es la consciencia que cada uno tiene al respecto. Con esto quiero decir; que *hay algunos líderes nombrados como tal, pero que ni siquiera saben que lo son*, y si lo saben, sus acciones no demuestran ese nivel de consciencia al respecto.

Un líder en el trabajo es nombrado para serlo, se le da un título, nombre, puesto, o quizá solo una patadita de la buena suerte para que dirija a otras personas. De igual forma que se asignan títulos o puestos en un gobierno o estructura de un grupo de trabajo cualquiera, desde un Líder Sindical, Coordinador, Diputado, Alcalde, Gobernador, Presidente y hasta un Rey en los países que aún existen Monarquías.

Una teoría muy acertada acerca de los estilos de liderazgo que tiene o puede tener un Líder, es la relacionada con la Clase de Poder que predomina en un Líder, la cual fue publicada ya hace algunos años en 1959 y actualizada años después por los Psicólogos John R. P. French y Bertram Raven. En esta teoría se define la Clase de Poder que tiene una persona con un título o puesto, como: "*Poder Legítimo*". Ese poder que te da el haber sido elegido o nombrado por un superior, por el voto de una mayoría o por simple herencia familiar, para representar esa figura y en ocasiones para dirigir a un grupo.

En esta teoría se identifican cinco clases de poder que tiene y ejerce o puede ejercer un líder, estos poderes pudieran fácilmente relacionarse con el estilo de liderazgo que predomina en un líder y a su vez como balancea o puede balancear los mismos para arraigar y mejorar su estilo.

Si ya eres un líder y te mantienes en la búsqueda permanente de mejorar como tal, y más aún como persona, es imperativo comprender teorías como esta.

- PODER LEGITIMO
- PODER DE REFERENCIA
- PODER DE EXPERTO
- PODER DE RECOMPENSA
- PODER DE COERCION

Clases de Poder que tiene un líder de acuerdo a la teoría de French y Raven publicada en 1959, años después se le agregaría el Poder de la Información, el cual no se explica en el siguiente contenido.

En numerosas ocasiones se elige a una persona que ocupara este Poder Legítimo sin relacionar otras características o cualidades, por circunstancias hasta de urgencia, simplemente porque es imperativo contar con esa figura. Estoy seguro que ustedes conocen a más de uno que llega a un puesto sin tener más méritos que otros compañeros o que ustedes mismos, desde la falta de conocimiento y experiencia en un proceso en particular y hasta la falta de habilidades para dirigir a un grupo cualquiera, pero que al final del día es más carismático con el jefe o cuenta quizá con otras habilidades de persuasión, por decirlo políticamente correcto de alguna manera, porque sé que cada uno tiene un adjetivo que relaciona el musculo más fuerte de nuestro cuerpo (se los dejo de tarea).

"Conviértete en el tipo de líder que las personas seguirían voluntariamente, incluso si no tienes el título o la posición".- Brian Tracy, autor motivacional.

En el ámbito laboral se cubren estas posiciones en base a una estructura organizacional, tomando en cuenta una descripción de puesto que cada vez es más ambigua en las características o rasgos de personalidad que no se pueden comprobar o medir, excepto con las pruebas psicométricas obsoletas que siguen usando la mayoría de las compañías previas al proceso de cubrir una vacante. Quizá lo que si queda perfectamente claro para algunas de las Organizaciones es el nivel de escolaridad para considerar a una persona apta para un puesto y hasta para un área en particular, dejando muchas veces de lado a personas que pueden tener años de conocimiento técnico y hasta habilidades gerenciales naturales. De hecho, personalmente creo que en México existimos muchos "mil usos" con gran capacidad de liderazgo, que las compañías no alcanzan a ver como líderes en potencia, por considerar que los títulos en un campo en particular son más importantes, por eso es que cada vez hay más jóvenes que al haber concluido su maestría a los 25 años se les da un Poder Legítimo, o por el contrario; hay muchos viejos que por tener 25 años en una compañía se les da un poder similar, sin considerar las verdaderas competencias de liderazgo que no son tan fáciles de evaluar con una prueba teórica, pero sí muy fáciles de identificar con la buena observación de las practicas.

"No tienes que tener una posición de altura para poder ser un líder".

Henry Ford, industrial estadounidense.

Fuera del trabajo, el mejor ejemplo que se puede relacionar es el de un padre o madre, que por el hecho de haber sido partícipes del proceso biológico de engendrar a un nuevo ser, son automáticamente nombrados con dichos títulos.

Y para que sea aún más clara la comprensión de este Poder Legítimo vamos a poner un buen ejemplo de una situación y como tiene efecto el mismo:

Ej. 1.- Hay un incendio en un edificio y tú te acercas de mirón a ver qué está pasando, en ese momento llega una persona vestida de civil y te pide que te alejes cierta distancia porque no es seguro permanecer a esa distancia, persona común y corriente, que no tiene un puesto o autoridad para darte instrucciones, pero que si lo está haciendo es porque está tomando la batuta, o sea; que tiene liderazgo. Tu respuesta natural quizá sea cuestionar, y definitivamente no sería la misma si la persona que te da la instrucción es el Capitán de Bomberos que trae su flamante uniforme y su insignia reluciente, o sea la persona que tiene un Poder Legítimo, específicamente para dicha situación.

Por eso hago relación al inicio del capítulo a la parte de la consciencia al respecto, porque al haber sido nombrado; automáticamente tienes un grado de consciencia más alto, y por ende, el compromiso y responsabilidad adquirida es y debe ser distinta. Es por esto que me encanta hablar del ejemplo de un Padre o una Madre, porque hay; "muchas Madres" y "pocas Madres", hay "muchos Padres" y otros que ni siquiera saben que lo son, o si lo saben, no les interesa más que para estar seguros de que si tienen cargada su pistola, y estarán jugando a la ruleta rusa con otra pareja que se lo permita, o sea que estos son a los que me refiero al decir: "pocos Padres".

Los Padres tienen el Poder Legítimo que les da la autoridad para demandar obediencia de sus hijos, sin importar las formas en que se haga dicha demanda. Un Padre al sentirse cuestionado por un hijo acerca de una actividad o instrucción en particular, puede justificar la razón al simple hecho de que es el Padre, es su casa y son sus reglas, simplemente que se debe hacer lo que él dice. Así de fácil debería entenderse el Poder Legítimo, una persona que tiene el título, puesto, posición o jerarquía y por lo tanto la Autoridad sobre sus dirigidos, sus hijos, sus gobernados, sus trabajadores, etc.

"La autoridad demanda obediencia".

Cuando se tiene el Poder Legítimo y por lo tanto te conviertes en un Líder, independientemente de las circunstancias que haya detrás del hecho, no solo sabes que lo eres, sino que deberías querer serlo. Sin embargo no siempre se tiene la disponibilidad para dar lo mejor de sí, para tratar de ser uno bueno. Por eso es que esta clase de poder es complicada, ya que puede ser que te llegue sin que estés entusiasmado por ello, porque para lograrlo, primero hay que creerlo, hay que creer en que este Poder Legítimo te está dando ese empujón para convencerte de que tienes un rol importante en la organización, en la familia, en el equipo de futbol o dondequiera que se te haya conferido el mismo.

"Para llegar a serlo, primero hay que creerlo".

Hay que creer que puedes ser ese mejor líder del mundo o por lo menos del rumbo, dejando de lado tus antecedentes y las razones por las que ahora estas inmerso en este rol, hay que pensar que si solo se te dio el nombre y no te sientes tan preparado para cumplir todo lo que conlleva ser este Líder, tienes que buscar ser mas, dar más, aprender más, mas, mas, mas.

Siempre será necesario tener esta Clase de Poder en un grupo u Organización, así como no todos pueden ser Jefes, tampoco todos pueden ser Indios, y la forma en que se ejerza este Poder Legítimo será determinante para que quienes hayan sido nombrados por el poder del dedo "dedazo" y por formas percibidas como injustas, busquen mejorar en todos los aspectos que considere convenientes para demostrar que pueden hacerlo, pero siempre partiendo de esa creencia de "ser un Gran Líder", esa que los más longevos (viejos lobos de mar) y también muchos jóvenes en una compañía no tienen en cuenta, porque creen que el titulo o puesto vasta para dar órdenes de forma agresiva y hasta faltarle al respeto a sus subordinados, simplemente porque son los Jefes. Personalmente me vienen a la mente algunos jóvenes que trabajan dentro de la industria de manufactura, especialmente los que egresan de universidades privadas, de esos que por el hecho de tener un Poder Legítimo sienten que son aún más superiores que los demás, especialmente cuando se les asignan áreas operativas (cuidado con eso). Y no es con afán de etiquetar, simplemente es mi experiencia personal con algunos amigos borregos, ya que los que he conocido tienen ese patrón: o son muuuy buenos, o de plano son muy malos, hablando del trato con las personas que no poseen altos grados de escolaridad.

Para los que llegan a ser líderes de un área después de años de haber sido trabajadores de la misma y que de igual forma fueron compañeros de los que ahora son sus subordinados, es crítico hacer la transición de forma óptima para que los sentimientos personales que siempre se presentan, en especial con algunos de los compañeros que quizá compitieron por ocupar el puesto, no tengan repercusiones negativas en el corto y largo plazo. Para esto es importante tener en cuenta que el nuevo rol que se está asumiendo conlleva cambiar formas hasta de hablar.

Una cuestión critica será el cómo te comunicas de forma continua para lograr que todos estén en la misma página y en busca de los mismos objetivos tanto como personales, como grupales. Todo esto lo entenderás con más detalle una vez que leas sobre las otras clases de poder que tiene un Líder. Sin embargo; en resumidas cuentas te puedo afirmar que el tener Poder Legítimo es el primer paso que una Organización o grupo te ayuda a dar para que te conviertas en el Líder que quieras ser, simplemente porque existen personas que quizá tengan más habilidades que tú, mejor personalidad, mas carisma, etcétera, pero que no son nombrados líderes; y tú ya lo fuiste.

Si ya tienes este Poder Legítimo porque así te ha llevado el camino, solo concientiza que no es lo mismo "Ser Líder" que tener "Liderazgo" y más aún "Liderazgo en Seguridad", ese que se demuestra con las acciones en pro del bienestar de los trabajadores. Piensa en esos Líderes en Seguridad que tienes en tu área, que sin tener un puesto, influyen en los comportamientos de otros trabajadores, y en esa medida busca hacer lo mismo para que no dependas solo de tu Poder Legítimo.

"Un líder es posición y es acción."

5 tips para ejercer el Poder Legítimo de forma efectiva:

1. Tus colaboradores e hijos ya saben que eres el Jefe o el Padre, no se los recuerdes cada vez que tienes oportunidad.

2. En el trabajo; pídele a tu jefe que refuerce públicamente de vez en cuando; la confianza que tiene en ti como Líder del destino del área que diriges.

3. Entiende perfectamente las expectativas de la Organización, para que puedas entender las de tu puesto.

4. Se humilde y admite que no lo sabes todo, por el contrario; pide opinión continuamente, sin que alguien más tome las decisiones o que tengas que cambiar las que tu consideres adecuadas.

5. No te vuelvas dependiente del Poder Legítimo que te da tu puesto

4

Mejor ser que parecer

Uno de tantos Jefes de RH que tuve en los años que trabaje en la industria alguna vez dijo: "Para ser, hay que parecer" y tan fino como era en su apariencia, él se refería en esa ocasión a la parte de cómo nos veíamos de acuerdo a nuestra vestimenta y forma de conducirnos hacia los demás compañeros de cualquier nivel de la Organización. Y definitivamente comparto esa forma de pensar, especialmente cuando perteneces a una compañía que inculca ciertas prácticas y hasta códigos de vestimenta.

"Para ser, hay que parecer".

Y a pesar de compartir esta ideología, cuando hablamos de Liderazgo en Seguridad, siempre será mejor "ser" que "parecer", en otras palabras es mejor demostrar ese Liderazgo, que solo aparentar ser un Líder. Muchos logran esa apariencia de Gran Liderazgo a los ojos de los que no están relacionados en el área o grupo, hasta los Jefes Grandes pueden creerlo, pero definitivamente no sucede así para sus seguidores. Y me atrevo a decir que en más del 50% de las veces es así, o sea que uno de cada dos Líderes, Jefes de Grupo, Supervisores, Coordinadores, Gerentes es percibido como un mal Líder por la mayoría de sus colaboradores.

La Clase de Poder que tiene que ver con el Liderazgo Natural que tiene una persona, de acuerdo a la teoría de French y Raven es conocida como "Poder de Referencia," ese poder que te da el tener carisma con los demás, tener pensamientos o filosofías alineadas, ser esa persona que apoya, escucha y hasta hace sentir bien a los demás; esa persona que los demás siguen y hasta quieren ser como ellos.

Pudiera ser sencillo decir que un Líder que tiene Poder de Referencia es una buena persona en toda la extensión de la palabra, muy inteligente a pesar de no contar con títulos académicos o experiencia en algún campo en particular, sin embargo no es necesariamente de esa manera, porque para ser buena persona, no basta con ser bueno con los demás, ya que el concepto de ser bueno con los demás puede acarrear fines de maldad o fuera de la ética personal.

Recuerdo a un joven líder de una pandilla en Ciudad Juárez Chihuahua, que hace algunos 20 años me abordo y me amenazo junto con otros jóvenes de mi edad. En especial me acuerdo como él les dio instrucciones específicas a los miembros de su barrio y vi cómo le seguían de la forma pedida y con la convicción de estar siguiendo a su Gran Líder, este joven apodado "El veneno" era conocido por haber liquidado a varios jóvenes de pandillas rivales, y por esto, además de su carisma natural, tenía un Gran Poder de Referencia, al grado de que su hermana que trabajaba en el mismo lugar donde yo lo hacía, se jactaba de cómo era el terror de muchos y se sentía muy orgullosa de ser su hermana. La historia larga corta del joven fue que falleció dentro del penal de Ciudad Juárez aproximadamente en el 2009, obviamente fue asesinado por temas del control dentro y fuera del penal.

Porque les cuento la corta historia de este joven, simplemente porque el Poder de Referencia cuando carece de ética, puede ser muy peligroso, este es el Poder que tienen los Líderes de Organizaciones Criminales, pero de igual forma hay gente con mentes malévolas dentro de las Organizaciones, que no necesariamente buscan malos resultados para la compañía, pero si resultados a pesar de las personas y resultados individuales. Este punto es crítico al relacionar el Liderazgo en Seguridad, ya que puedes ser un Jefe con Gran Poder de Referencia que pone en riesgo de accidentes graves a sus colaboradores con tal de obtener los resultados de la producción requerida.

"Tener Poder de Referencia carente de ética y moral, puede ser muy peligroso".

Recuerdo perfectamente a un Supervisor de Mantenimiento con el que tuve una larga charla de dos horas en mi oficina después de que observe y detuve una tarea que se realizaba en una estructura a unos 4 metros de altura y con un elevado riesgo de resultar en una caída con consecuencias hasta fatales.

Este Supervisor que en aquellos días tenia algunos 25 años de edad, era reconocido por su gran nivel de capacidad técnica, especialmente en la parte electrónica y de programación de equipos y que había sido nombrado Jefe (Poder Legítimo) unos tres años atrás. En esta charla que recuerdo claramente que fue en día sábado y ya me quería regresar a mi casa, este amigo trato de escaparse de mi oficina varias veces mientras yo trataba de convencerlo de la falla de su trabajador como reflejo de lo que él les inculcaba, le recordé a un Técnico de Mantenimiento de 21 años de edad que estaba a su cargo y que había fallecido dos años atrás al realizar un reparación que se había convertido en rutinaria por no encontrarse una buena causa raíz o acciones verdaderamente preventivas en el funcionamiento de una máquina, donde un switch o dispositivo de seguridad estaba desactivado (bypasseado), hecho que su Jefe también había consentido con tal de no tener más tiempo muerto.

Recuerdo de qué forma se molestó cuando le dije que no le importaba su gente, que este Técnico confiaba en él y que a su vez seguía instrucciones porque tenía que hacerlo, pero que por su poca experiencia no veía el riesgo tan alto de accidente que representaba lo que estaba haciendo de forma continua. Mi percepción era que la mitad de sus Colaboradores, todos Técnicos de Mantenimiento lo veían como un buen líder (Poder de Referencia), pero la otra mitad no estaban de acuerdo en sus formas, especialmente cuando de seguridad se trataba, y no solo por el antecedente del compañero fallecido, sino por las prácticas del día a día, siempre anteponiendo el tiempo muerto sobre la integridad de las personas.

Es por eso que hago ese énfasis en el Poder de Referencia mal encausado, ya que es un Poder que al darse de forma natural, que no cuesta adquirirlo y es independiente del Poder Legítimo, puede ser muy peligroso si los valores de ética, responsabilidad y respeto hacia uno mismo, así como a los demás no están bien cimentados. Y relacionando el ejemplo, a mí me quedaba claro que este Supervisor de Amontonamiento contaba con ese Poder de Referencia, simplemente no canalizado de la mejor manera.

Siendo críticos con nosotros mismos, quizá no muchos de nosotros tenemos ese carisma, empatía y quizá hasta son muy introvertidos, no fuiste "lidercillo desde chiquillo", en ocasiones ni siquiera en la familia fuiste o eres tan líder. Estoy seguro que conocen o alguno(a) de esos que es claro que no lo quieren tanto en su casa y por eso se queda hasta tarde en el trabajo, y lo peor es que puede ser cierto, de hecho; mi opinión es que es de lo más común ver Padres y hasta Madres que definitivamente no nacen para serlo, nunca tuvieron, ni se esforzaron por mejorar ese Poder de Referencia y simplemente no son capaces de tomar el rol en toda la extensión de la palabra. Y también hay un gran porcentaje de los que son tan incongruentes y son personas completamente distintas en el trabajo y en el hogar, son muy buenos líderes con sus hijos adoptados y súper malos líderes con sus hijos biológicos, o viceversa. Personalmente siempre he pensado que en la medida que eres mejor líder en tu casa y como persona, puedes ser mejor líder en el trabajo, no solo por el Poder de Referencia, sino porque especialmente como Padre tienes que tener un gran balance con todas las Clases de Poder.

El parecer definitivamente te ayudara a ser, si no pregúntele a nuestro querido mandatario EPN, que fue evidente que muchas personas lo eligieron por sus dotes de Dandy telenovelesco que complementaba muy bien la Primera Gaviota Dama, eso es parte del Poder de Referencia, ya que le inspiras a las personas a que te sigan, a veces hasta por tu linda sonrisa. Así que; llévate de tarea el mostrar tu sonrisa más seguido.

Pero no te me achicopales si no eres de los buenos ejemplos de maravillas del mundo estético y tu falta de sonrisa natural, porque aquí es donde la personalidad y demás habilidades de persuasión sobrepasan esa posible desventaja, y para muestra un botón relacionado con un par de ejemplos en el basquetbol de los Estados Unidos, los dos entrenadores que a mi punto de vista hicieron las cosas de excelente manera en la pasada temporada del 2016; Steve Kerr de los Guerreros de Golden State y Tyronn Lue de los Caballeros de Cleveland, ex jugadores profesionales, muy jóvenes, ambos muy jóvenes, de baja estatura considerando el promedio de los jugadores de la NBA, en especial Lue con 1.83 m de altura, y que mostraron tener una gran capacidad de liderazgo y Poder de Referencia al hacer que sus equipos consiguieran temporadas históricas, uno con el mayor número de partidos ganados históricamente y otro con el primer campeonato de la franquicia el cual logro siendo el entrenador más joven en la historia en conseguirlo. En resumidas cuentas sus jugadores creyeron en ellos, se pusieron la camiseta por ellos y se comprometieron a lograr resultados extraordinarios.

"Es difícil dirigir la caballería si piensas que te ves gracioso montando a caballo" - Adlai E. Stevenson II, político estadounidense.

Me viene a la mente un excelente Supervisor de Producción de la primera Planta de Manufactura en la que trabaje, el manejaba su camioneton de 8 cilindros con sus llantas al estilo Monster Truck, que cada vez que se tenía que subir, experimentaba una aventurita por la maniobra al estilo Mcgyver que tenía que realizar, pisando el estribo, luego la llanta y al final dando un salto a la cabina. Hasta sus colaboradores se burlaban un poco de su chaparrez, pero en el ámbito laboral, era tan respetado como los más respetados, respetuoso, ético, puntual, buen motivador, entre otros adjetivos que le pudiera agregar, además que sus resultados eran siempre consistentes. Por el lado contrario, me vienen a la mente bastantes Jefes de Jefes de alta estatura, en especial los amigos VPs de la compañía cervecera más popular del norte de México, que pareciera que era una condicionante del perfil de contratación, pelados de más de 1.90 m de estatura y la mayoría con un vozarron que hace aún más perceptible su Autoridad, y definitivamente no se me puede escapar el amigo JMLA (siglas de su nombre), un español chaparron, con un semblante muy tranquilo, VP de operaciones de manufactura de las baterías más populares en México, el cual, en mi percepción, es el Alto Mando con el mejor estilo de liderazgo que he conocido, de esos que demuestran su interés genuino por el bienestar de los colaboradores, de los que te retan a buscar mejores resultados y al mismo tiempo te facilitan los recursos y el apoyo para lograrlos.

Pero así como me vienen a la mente estos amigos, recuerdo Supervisores de muchos tipos, formas y colores; gordos, flacos, morenos, güeros, pelones, caritas y más-caritas, feos y re-feos, altos, bigotones, barbones, lampiños, coscolinos, respetuosos, jóvenes, viejos y más viejos, despistados, buenos, malos, mejores, peores, además de contar a las mujeres, que para mala decisión de las compañías son muy pocas las que ocupan este tipo de roles, especialmente en áreas operativas, de hecho me vienen a la mente menos de 10 Supervisoras, de una cantidad de más de alrededor de 120 Supervisores Operativos (más del 90% Supervisores hombres) con los que he convivido directamente en distintas Plantas de Manufactura.

Aprovechando el tema de género, les hago referencia precisamente a que personalmente opino que este Poder se da de forma más natural en las mujeres, sin embargo se pierde muy fácil porque no se ejercita y complementa con las otras Clases de Poder. Una mujer suele escuchar más, ser más empática y simpática, es mejor confortando a las personas y también hay que decirlo; son más transparentes y honestas, entre muchas otras cualidades que tienen en relación a este Poder de Referencia, cualidades que a su vez juegan en contra cuando las Organizaciones buscan perfiles de Supervisores que necesitan ser más agresivos con la gente.

En resumen, hay que ser y parecer, pero siempre será as importante el ser, que conlleva acciones, compromisos, trabajo y en especial mucha comunicación con las personas en general, no solo los colaboradores.

5 tips para ejercer el Poder de Referencia de forma efectiva

1. No cambies tu esencia como persona.

2. Se consciente de que no siempre podrás ser el mejor líder para un área u organización en particular.

3. Recuerda que no eres monedita de oro y siempre habrá personas a las que no les agrades, incluso la gente que trabaja contigo.

4. Siempre encausa este Poder hacia el lado positivo.

5. No te estanques, busca ser más y aprender más.

5

Muchos años, poca experiencia

Los años no pasan en vano y si no te has caído del árbol a pesar de que ya estas madurito, al final; el número de años vividos tiene relación con la experiencia, y aunque depende de cada persona la forma en como capitaliza la misma, no se puede negar que para ciertos temas, especialmente cuando de trabajo se trata: entre más años, mayor experiencia.

La experiencia es lo que te da el conocimiento de algo, porque alguna o repetidas veces lo hiciste, lo viviste, lo conociste, "lo experimentaste", lo cual te debe de ayudar a saber cómo actuar o reaccionar ante esa misma situación o una similar en un futuro. El Poder de Experto es el relacionado con esta experiencia, que usualmente en el ámbito laboral tiene que ver con los conocimientos técnicos que te da la preparación académica en un campo en particular, sin dejar de lado que también se puede adquirir de manera empírica.

Un experto no solo es capaz de dominar un tema o campo en particular, sino que tiene la habilidad para enseñar a otros, desde la parte teórica que sustenta las bases científicas y hasta la parte práctica que confirma dichos conocimientos aplicados al mundo real. Un Líder con Poder de Experto es aquel que domina la materia o campo que está liderando, este no puede ser distinto, porque si no es así, entonces no puede considerarse Experto en ese tema, área o proceso en particular.

Al relacionar este Poder con el Liderazgo en Seguridad, podemos poner como base que un Líder de un área debe identificar claramente los peligros de cada una de las operaciones rutinarias, debe saber interpretar el grado de riesgo de las mismas, así como tener clara la forma en que se aplican los distintos controles operacionales que hacen que una operación se mantenga en el nivel de riesgo aceptable de acuerdo a los estándares de la Organización, sin dejar de lado las Normas y Reglamentos aplicables.

Ser experto te ayuda a obtener un buen grado de respeto entre los colaboradores, pero esto no significa que el camino hacia el liderazgo esta recorrido, ya que existen numerosos casos de expertos que no les interesa ser líderes y aunque los pongan en tal posición, estos denotan su falta de interés por la simple resistencia de enseñarle lo que saben a alguien más, además de que pueden carecer de Poder de Referencia y tenemos que decirlo así: "no nacieron líderes, no son, ni quieren ser líderes".

Cuántas veces hemos escuchado que un trabajador, especialmente los que tienen conocimientos técnicos muy especializados dice: "que se chingue, como yo me chingue", está definitivamente es una actitud de seguidor, no de líder, que además denota una falta de Liderazgo en Seguridad al no pensar en qué; parte de mostrarle a alguien como se hace una actividad es prevenirlo de los riesgos de accidentes. Y hablo del personal técnico, pero la realidad es que sucede en todos los niveles, desde el nivel operativo que puede ser justificado por la envidia o incluso el miedo a que alguien les quite su puesto, pero también sucede en los mandos medios y altos, quizá justificado por el miedo a que alguien con notable Poder de Referencia pueda adquirir habilidades técnicas que hagan que se demerite el trabajo de otros y por lo tanto se consideren para ocupar posiciones más altas de liderazgo.

A todos en algún momento de nuestra vida se nos dio la oportunidad de empezar a laborar, en algunos casos a una edad muy temprana sin tener ninguna clase de experiencia, oportunidades que quizá no tenían nada que ver con el área que mejor conocíamos, lo que estudiábamos o incluso lo que más nos gustaba. Y por lógica; nadie nace sabiendo, aunque uno que otro sienta que las puede de todas todas como buen mexicano mil usos, simplemente no puedes ser el más apto para todas las áreas, circunstancias o incluso compañías.

Mi historia personal en este sentido de la experiencia la remonto a mi niñez, cuando conviví bastante con mi Padre hasta unas semanas antes de su partida, a mis 8 años de edad yo le acompañaba tres días a la semana mientras el vendía números para sorteos de lotería, actividad que yo continué por unos meses después de su partida hasta los 12 años, sin ser el mejor en ello, tenía una base de clientes heredada que me ayudaba a ganar unos cuantos pesos e inconscientemente ejercitaba mis habilidades como vendedor. A la edad de 13 mi hermano mayor me consiguió un trabajo como vendedor en una tienda del centro de Cd. Juárez Chihuahua, donde el único requisito era que tuvieras las ganas y disponibilidad para trabajar, además que la recomendación directa también ayudaba. Este trabajo lo mantuve hasta los primeros meses de mi carrera universitaria y considero que me ayudo bastante en muchos sentidos, no solo en las habilidades de socialización, sino en el tema de las ventas.

No puedo brincarme mi corto paso como florista, donde si de plano no tenía experiencia alguna, solo el haber milado como chinito en las visitas ocasionales al negocio de mi hermana, labor que desempeñe de forma individual solo por unos días y continué unos meses con apoyo de mi hermana, sin lograr adquirir gran habilidad.

A mis 19 abriles, mientras cursaba el segundo semestre de Ingeniería Industrial y de Sistemas tuve mi primera oportunidad de ingresar a la industria maquiladora, que más que por mi nula experiencia fue por cuestión de disponibilidad de horario que me dieron la oportunidad de ser Auxiliar de Ingeniería en una Planta de Manufactura de alarmas y detectores de humo, trabajo que era temporal, pero que se extendió al surgir la oportunidad de ser Coordinador de Capacitación, la cual acepte sin titubear.

Después de dos años en la misma planta repartidos en los roles mencionados, trate de regresar al área de ingeniería en una compañía distinta, lo cual me llevo a iniciar mi nuevo rumbo en los temas de Seguridad y Medio Ambiente en junio del 2001.

Recuerdo claramente que durante la entrevista le externe al Gerente de RH mi completo desconocimiento del tema, pero que lo que buscaba era trabajo, y gracias a mi buen nivel de ingles se me tomo en consideración para ocupar un puesto de Técnico EHS, el cual me llevo a tomar la decisión de cambiar de carrera un par de años después, específicamente a olvidarme de la Ingeniería Industrial y de Sistemas para iniciar mi camino en la Ingeniería con Administración Ambiental.

Me gustó tanto el área, que no solo busque aprender los detalles del sistema de administración de la compañía, sino que trataba de investigar más y aprender más, sobre todo las tendencias para hacer cosas distintas, sin dejar de lado lo relacionado con los requerimientos legales, incluyendo de la parte de salud ocupacional e higiene industrial, en pocas palabras; trate de convertirme en un experto. En ese inter también tuve un pequeño periodo de 6 meses como Supervisor de Producción, el cual me ayudo en mi experiencia como Líder de grupos más grandes, lo cual solo había hecho en los grupos de jóvenes en la iglesia, fuera del ámbito laboral. Pero más que haberme ayudado en esa parte del manejo de grupos, me ayudo una enormidad a ver el otro lado de la moneda, cuando eres directamente responsable, no solo del ausentismo, la rotación, la productividad, la calidad o los inventarios, sino también del bienestar de cada uno de tus colaboradores.

Una de mis metas personales desde el 2003 estaba ligada a mi visión a mediano plazo de convertirme en Gerente del área, dondequiera que me encontrara trabajando a los 35 años, así me veía desde que tenía 23 y así lo conseguí precisamente a esa edad de 35, después de haber estado en varias compañías y no solo haberme convertido en especialista, sino en un Líder a través de las distintas oportunidades que tuve de dirigir equipos de trabajo y numerosos proyectos individuales y grupales.

Esta parte de mi historia personal y profesional quizá sea similar a la tuya, quizá hayas sido un trotamundos y más mil usos que yo, lo cual te debe ayudar en el día a día como Líder que eres. Sin embargo; el tener muchos veranos acumulados o camino recorrido no te garantiza que seas un experto, especialmente cuando has permanecido en la misma organización y área de trabajo, ya que en lugar de tener X años de experiencia, tienes un solo año de experiencia repetida X número de veces, especialmente si no has hecho un alto en el camino para concientizar en que hay que seguir preparándose.

También quiero recalcar que así como recibiste la oportunidad de empezar a laborar, obviamente pasaste por una etapa de subordinado o colaborador, y lo más seguro es que sigas teniendo un jefe a la fecha. Sé que no hace falta que te lo diga, pero es precisamente la intención: hacer énfasis que para ser un buen líder forzosamente debiste ser un buen seguidor, independientemente de que tus jefes no hayan sido los mejores ejemplos de liderazgo, porque es así como un líder forja un carácter más sólido y de igual forma define con mayor detalle su estilo de liderazgo, tomando lo bueno y desechando lo malo de esos a los que se sirvió.

"Aquel que nunca aprendió a obedecer no puede ser un buen comandante". – Aristóteles, filósofo griego.

Adquirir Poder de Experto es algo alcanzable para todos los lideres, si no se tiene un título académico, en estos tiempos es fácil tener alcance a la educación en línea, no esperes a que te lo exija la compañía, pero a pesar de la obtención o carencia del mismo, es importante que aprendas y te vuelvas en un verdadero especialista de los procesos de tu área, no solo en la parte teórica, sino en una verdadera práctica, que te haga capaz de enseñarle a cualquiera que lo necesite. Esto no significa que tienes que demostrar que eres experto o que subsidiaras el trabajo operativo de tus colaboradores, pero no tiene nada de malo ensuciarse las manos y ponerse el overol de vez en cuando.

5 tips para ejercer el Poder de Experto de forma efectiva:

1. Trata de aprender algo nuevo de tu área y de otras áreas.

2. Enséñale más a tus colaboradores, te hará reaprender.

3. Busca innovar en los temas que domines, trata de buscar tendencias y mejores prácticas.

4. Busca pertenecer a un grupo o asociación, especialmente si es reconocida por los colegas.

5. Asiste a todos los cursos, simposios, talleres o conferencias que te puedan ayudar a mantenerte actualizado. En estos tiempos, con la gran cantidad de recursos en internet no hay excusa para seguir aprendiendo.

6

Coopelas o cuello

En el 2006 se desato una historia de esas que dan mucho de qué hablar a los mexicanos, en especial por el humor que solemos ponerle a este tipo de casos, a pesar de que en aquellos años apenas se empezaban a difundir más de este tipo de ejemplos en las redes sociales o con los ahora populares memes. Una persona de origen chino fue capturada después de haberse decomisado en una residencia de su propiedad una cantidad record de dólares americanos (más de 200 millones de dólares) además de unos cuantos (17 millones) de pesos mexicanos. Esta persona fue vinculada al tráfico de drogas sintéticas y otras similares, cuyo argumento para justificar la gran cantidad de dinero decomisada obedecía a la amenaza que le habían hecho funcionarios del Partido Acción Nacional, específicamente el entonces Secretario del Trabajo para que guardara el dinero que después sería usado para la campaña rumbo a la elección presidencial que venía en camino.

Esta amenaza es lo que me llevo a adoptar este título: "coopelas o cuello", la cual fue la forma en como el amigo Shenli describió la forma en que el Secretario del Trabajo y los funcionarios del PAN lo abordaron, frase que traducida de forma simple seria: "o haces lo que te digo o te mato".

Una acción, o este caso una inacción que conlleva una consecuencia, particularmente negativa, y tras de esta, quizá una consecuencia positiva relacionada con buenas sumas de dinero.

Quizá el ejemplo suene medio alejado del tema, sin embargo es una buena forma de abrir la mente para explicar las siguientes clases de poder; el de Coerción y el de Recompensa, que de forma muy práctica podemos nombrarles: el de castigo y el de premio.

Estas dos clases de poder son opuestas, por un lado el poder de castigar a una persona que siempre conlleva una consecuencia negativa para el castigado y por el otro el poder de premiar, que por el contrario, siempre se relacionara con una consecuencia positiva.

> "Un mandatario debe ser lento para castigar y rápido para recompensar".
>
> Ovidio, poeta romano.

Un líder, en especial el que cuenta con Poder Legítimo tiene ambas capacidades, quizá en distinto grado dependiendo el tipo de organización, pero invariablemente siempre la tendrá. Por otro lado un líder con Poder de Referencia, que no tenga Poder Legítimo, aunque tiene ambas capacidades, le predomina el Poder de Recompensa, especialmente cuando se trata de recompensas que no tienen que ver con lo material o incluso con posibles ascensos en la jerarquía organizacional, más bien tiene ese poder de recompensa que se traduce en el reconocimiento del buen trabajo de alguien que quizá no es su colaborador. Pero para que no te hagas bolas, aquí hay una tabla que te ayudara a entender un poco más esta explicación:

	Poder de Coerción	*Poder de Recompensa*
Líder con Poder Legítimo	Limitado cuando tiene gente que usualmente lo aconseja o incluso decide por él.	Siempre tendrá la última palabra de la forma en cómo se recompensa de forma material. También puede recompensar con el reconocimiento directo cuando se trata de una figura que inspira respeto o está en lo alto de la jerarquía organizacional.
Líder con Poder de Referencia	No puede castigar si no tiene Poder Legítimo también.	Puede recompensar a manera de reconocimiento, pero nunca podrá hacerlo con incentivos materiales o similares si no tiene Poder Legítimo.
Líder con Poder de Experto	Solo cuando se trata de temas técnicos y de su personal a cargo. Para personas de otras áreas tiene que ser a través de los jefes directos.	Puede recompensar a manera de reconocimiento, y también puede hacerlo brindando conocimiento técnico (intelectual). No puede hacerlo de forma material si no tiene Poder Legítimo.

Cuando hablábamos de coerción, nos referimos a la acción mediante la cual se impone un castigo con el objetivo de condicionar y tratar de controlar un comportamiento, en este caso de un individuo, pero de igual forma muy aplicable a los animales, especialmente los que se entrenan para un espectáculo de circo por poner un ejemplo.

La recompensa se refiere a un incentivo, usualmente posterior a una tarea realizada, pero de igual forma aplicable previamente a dicha tarea o comportamiento. Cabe señalar que para efectos de liderazgo y liderazgo en seguridad, las recompensas no siempre tienen que ser del tipo material o monetario, sino que hay una buena cantidad de opciones de cómo se puede recompensar, especialmente cuando el mejor premio de un trabajador, en especial de la industria donde existen gran cantidad de peligros es y debiera ser siempre la de mantener la salud y bienestar en general.

Para alcanzar el nivel de disciplina deseado hay que aplicar el Poder de Coerción de forma consistente, casi, casi al estilo militar, ya que hay omisiones que no se deben dejar pasar, las cuales se deben hacer consistentemente hasta que se conviertan en hábitos, sin importar si la persona está convencida de la razón por la que tiene que hacer dicha actividad.

En el ámbito laboral deben establecerse reglas y procedimientos, incluso deben existir algunos de ellos donde no exista tolerancia al respecto y en esa medida las consecuencia también sean acordes. Es tan simple como un sistema de impartición de justicia, al estilo del Código Hammurabi, donde de acuerdo al crimen es el castigo. Eso sí, es básico que para poder justificar la aplicación de un castigo, se comuniquen de forma efectiva dichas reglas e incluso las consecuencias especificas por no seguirlas.

Piensen por un momento en como aplican los castigos con su personal y hasta con sus hijos, porque es muy común amenazar con castigar y al final no hacer nada. Cuando se te hace común anunciar estos castigos y luego se te olvida aplicarlos, la gente deja de creer en la importancia de ciertos procedimientos o actividades, quizá tú mismo no estas convencido de su importancia y por eso terminas por no dar un seguimiento adecuado.

Cuando estas empezando tu labor con un nuevo equipo de trabajo, siempre será complicado llegar con la espada desenvainada, tienes que ser muy inteligente y aplicar esta clase de poder de forma gradual hasta ese nivel de disciplina deseado que mencionamos, después de ahí viene esa parte de cero tolerancia, donde el líder deja de ser el más simpático y puede convertirse hasta en el ogro que nadie quiere ver. Si estas en este punto y sientes que has sido muy duro con tu equipo de trabajo, solo piensa en que al final del día estas buscando el bien común y como dicen por ahí: "sin dolor no hay ganancia".

"No puedo darte la fórmula del éxito pero sí puedo darte la del fracaso: trata de complacer a todos".- Herbert Swope, periodista estadounidense.

Por el lado contrario, el clima laboral que busques que impere en tu área y con tu gente está muy de la mano del poder de recompensa, donde sí se castiga de forma justa y transparente, pero en mayor medida se incentiva por el trabajo bien ejecutado. Incluso un castigo para una persona, puede convertirse en una recompensa para otras personas, simplemente por el hecho de que se permea ese sentimiento de justicia para el que está haciendo las cosas bien y el que no las hace tan bien.

Es importante recomendar que las recompensas no tienen que ser materiales todo el tiempo, de hecho seria poco viable hacerlo de esa manera, sobre todo para un líder que lo hace de forma rutinaria. Piensen en el estándar que le pueden poner a un hijo por pedirle una actividad y que luego no se puede bajar. Recuerdo claramente a un par de sobrinos que siempre le llevaban las cuentas a mi hermana por las tareas realizadas, casi creo que tenían una tarifa por sacar la basura o por barrer el patio y aunque no se les pagara en el momento, simplemente el estándar ya estaba definido y no podía ser distinto porque así se habían acostumbrado.

Las recompensas pueden ser desde un simple agradecimiento y porque no; hasta un día de descanso o permiso para salir temprano, pero de igual manera hay que saber cacaraquear el huevo y hacerle saber a una persona que lo que haces tú como líder y lo que hace la empresa; lo hace pensando en ella y en su bienestar individual y familiar y esa es una recompensa difícil de exceder. Te hablare un poco más al respecto en el capítulo II donde hablamos de la motivación y específicamente del refuerzo positivo.

Entender las distintas clases de poder que tiene un líder debe ayudarte a que balancees tu estilo de liderazgo en general, no solo para el liderazgo en seguridad en la prevención de incidentes y enfermedades, ya que los mejores lideres; son líderes situacionales, que saben apretar cuando hay que hacerlo, pero de igual forma recompensar por el trabajo bien hecho, haciendo énfasis en su capacidad técnica de experto en situaciones difíciles que pocos pueden resolver, e imponiendo la autoridad que le da contar con el poder legítimo, siempre buscando ser una buena persona ética y hasta amable que inspire a los demás a seguirlo.

5 tips para ejercer el Poder de Coerción y Poder de Recompensa de forma efectiva:

1. Ten claro las reglas y procedimientos internos, pero de igual define tus propios estándares.

2. Se objetivo tanto para castigar, como para recompensar.

3. Disciplínate para que sea más fácil disciplinar.

4. Comunica de forma efectiva y continua las reglas y estándares, enfatizando los de cero tolerancias.

5. Se consistente en la aplicación de castigos y recompensas, no de notes que tienes favoritismos.

7

Rol, responsabilidad y autoridad

Al estar inmersos en una cultura organizacional lo más seguro es que estés acostumbrado a usar la palabra "Jefe", invariablemente todos tienen uno de esos, independientemente si le llamas "Jefecito", "Supervisor" "Jefazo de mi Vidaza" "Boss" "Coordinador" "Gerente" "Director" "Patrón" "Superior" y en el peor de los casos "Amo" "Maestro" "Superior" "Zenzei" "Chief". Y por razones obvias por el simple hecho de estar leyendo este libro, me dice que no solo eres uno, sino que quieres ser uno mejor y de alguna manera estas abierto a seguir preparándote, independientemente si diriges gran número de personas en un área, turno, departamento o equipo.

Aplicando el sentido común, podemos afirmar que un Jefe es necesario en una organización para guiar las actividades de un grupo de trabajo, y quizá de forma simple, ese sería el papel que justifica su existencia. Sin buscarle tres pies al gato, "Un Jefe es un Jefe", es el que manda, ordena, impone y dirige a un grupo de "trabajadores", la mayoría de las veces hacia objetivos bien definidos.

La raíz etimológica de la palabra "jefe" en castellano; viene del francés "Chef", referido para un jefe de cocina, pero de igual forma se deriva de la palabra "Chief"; también en francés y usada en ingles desde el siglo XVI para referirse al "Jefe de un clan" y que se alinea con la palabra "Líder".

La pregunta del millón seria:

¿Ser jefe es igual a ser líder?

He aquí algunas de las diferencias entre uno y otro relacionadas al liderazgo en seguridad:

Un jefe exige cumplimiento. / Un líder solicita apoyo y colaboración.

Un jefe da órdenes. / Un líder asigna tareas.

Un jefe pide resultados. / Un líder es parte del resultado.

Un jefe no tiene que conocer las tareas que se realizan / Un líder entiende y es capaz de realizar las tareas que realizan sus colaboradores.

Rol

Así que el rol de un líder es el de dirigir a un grupo de colaboradores hacia un objetivo en común, tomando en consideración la forma en cómo se logra, detalle que se convierte en la principal diferencia entre un jefe contra el de un líder.

El líder busca las mejores formas de lograr un objetivo a través de las personas y no a pesar de ellas, donde todos los miembros de un equipo son igual de importantes en sus tareas asignadas y en esa medida se involucra como parte de una misma célula, no alejado de los objetivos, más bien cazado completamente con ellos. Y cuando nos referimos al rol en términos de seguridad, nos lleva a como ese líder se preocupa y más aún; se ocupa de que sus trabajadores se mantengan seguros y saludables, tanto cuando desempeñan su trabajo dentro de las instalaciones de una empresa, como en el trayecto hacia su hogar y en el equilibrio o balance entre trabajo y familia.

En resumen: el rol del líder en términos de seguridad y salud, es y debe ser; lograr las metas que establece la organización cuidando de que en el proceso ningún colaborador se lastime físicamente a consecuencia de ello, sin olvidar que los daños físicos incluyen las enfermedades aunque no sean visibles, y sin dejar de lado que también se deben proteger los recursos materiales o propiedad.

La palabra rol es muy utilizada en el ámbito de la actuación, refiriéndose al papel que un actor desempeña (actúa) en una obra de cualquier tipo. Y aunque a muchos jefes les sale muy bien el tema de la actuación cuando tienen que mostrar que se preocupan por sus trabajadores, a otros de plano ni actuando les sale, pero también están los que de forma natural ya por añadidura de su personalidad no tienen que hacer un esfuerzo tan extraordinario para esa demostración de interés genuino por las personas. Estos son a los que pudiéramos llamar lidercillos desde chiquillos o lideres naturales, los cuales traen ese gen de nacimiento.

Si bien es válido, como líder, aparentar en distintas situaciones para mantenerse firme, fuerte, estable, no podemos pensar que el rol de un líder es el de actuar siempre para conseguir que las personas actúen de igual manera, porque al hacerse de esa manera eventualmente se iría cayendo el teatrito, entonces estarías limitándote a jugar un papel que sería temporal, el líder iría perdiendo la vergüenza y los colaboradores empezarían a perder el respeto. Es muy distinto asumir el rol de líder e ir madurando en las mejores formas de interacción con los colaboradores, a ser un líder que se conforma con haber sido nombrado como tal y en la misma medida actuar solo de la forma que le conviene con tal de lograr su exaltación y reconocimiento por los jefes de mandos superiores. Dicho de forma más simple, no es lo mismo ser un líder humilde, que acepta sus oportunidades de mejora, incluyente y fuerte, que ser un líder que hace lo que sea para colgarse siempre la medalla él solo, pensando en sobresalir individualmente más que en grupo.

En resumen, el rol de un líder en seguridad; es el de mostrar un interés genuino por las personas, con la filosofía de que los objetivos se logran a través de las personas y no a pesar de ellas, cuidando de igual manera de los recursos materiales de la compañía.

La responsabilidad

Más que una sola, son numerosas las responsabilidades que se asumen al convertirse en un líder y no solo en términos de seguridad y salud; de hecho, las descripciones de puesto están llenas de renglones dedicados a las múltiples responsabilidades que la Organización define para los Jefes, sobre todo para los denominados Supervisores, no por nada el nombre de Súper – Visor, o sea el que lo ve todo, o casi, casi todo, con su vista de rayos láser, por lo menos así lo piensa y transmite la banda de RH y la alta Gerencia.

Condiciones del área de trabajo

Una primera responsabilidad está relacionada con las condiciones del entorno laboral, desde su establecimiento, su mantenimiento y su mejora en pro del cuidado de la integridad de los que se desempeñan en el área, pero de igual manera de los que son ajenos a ella, que de alguna forma directa o indirecta interactúan en la misma. Desde los contratistas que en diversas ocasiones realizan trabajos de mayor riesgo, por ejemplo, los relacionados con instalaciones eléctricas, trabajos en alturas y de corte y soldadura, hasta los visitantes que, por no estar familiarizados con un área, pueden resbalarse al caminar en superficies que regularmente tienen algún liquido sobre el piso o simplemente se convierten en un peligro mayor por el tipo de calzado que portan estas personas.

Esta responsabilidad está relacionada completamente con el entorno de un área, desde los pisos, paredes, techos, escaleras, iluminación en condiciones adecuadas para circular sin mayor riesgo de incidentes y en la misma manera con la debida señalización que puede ir desde la delimitación de espacios, prohibición de ingreso, equipo a utilizar, rutas de evacuación, o reglas generales de seguridad que incluyan que se puede y que no se puede hacer.

Cabe señalar que el establecimiento y mantenimiento de condiciones es completamente independiente de las conductas que pueden tener las personas al estar dentro de un área, pero que en la medida que sea más fácil la interpretación de lo que se debe o no se debe de hacer, y más aún sea complicado cometer un error cuando las condiciones de seguridad son buenas, esta responsabilidad como líder está más que cumplida, simplemente porque no podemos pensar en que podemos tener condiciones de seguridad optimas, y si así fuera, al final siempre serás dependiente de las personas, y nunca faltara el clásico descuidado que pajarea y se resbala hasta en el piso mas antiderrapante, plano y firme.

Un caso para pensar:

En el 2004, un Ingeniero ingreso a un taller de maquinados para solicitar apoyo con el pulido de una pieza mientras no se encontraban técnicos o el Supervisor del área. Esta persona utilizo un esmeril disponible que no contaba con las guardas de seguridad de forma adecuada, y al finalizar de hacerlo, mientras realizaba limpieza sufre un atrapamiento y como consecuencia una amputacion parcial de dos de sus dedos de la mano derecho.

¿Quien es el responsable del accidente?

¿La condicion del equipo era la optima?

Puede ser facil decir que casos como este tienen un culpable, pero no necesariamente se trata del lesionado, ya que la mayoria de las veces hay alguien detras que inconscientemente permite que se generen condiciones inseguras y eventualmente actos inseguros.

Conductas de las personas

Y como buen Superman, un gran poder debe conlleva una gran responsabilidad, y esa segunda se refiere a la prevención de conductas inseguras, que vaya que son palabras mayores, no solo porque se puede tener un número significativo de personas a cargo y en igual medida tareas distintas, sino porque cada cabeza es un mundo y vaya que no solo se piensa de forma muy distinta, sino que para tareas similares se puede actuar de forma muy variada, dependiendo en la forma en que cada individuo percibe el riesgo de lesión, la mayoría de las veces influenciado por las experiencias que cada uno ha vivido, para bien o para mal, como lo enfatizo en el tercer capítulo de mi libro "La vida sin accidentes", *las cosas no son como las vemos, porque las vemos como somos*, y en esa medida actuamos ante las situaciones y por ende algunas personas son más cuidadosas y otras más arriesgadas.

Para fortuna de los que tienen este tipo de rol, ya no se aplica el Código Hammurabi o alguna especie de Ley del Talión, que sin eliminar la responsabilidad que se tiene, pudiera ser muy drástico que se pagara golpe por golpe, quemadura por quemadura o diente por diente, especialmente cuando tu no das el golpe, sino que una persona hace algo que la lastima en la actividad que tú como líder le designaste y al realizar dicha tarea de forma inadecuada se lesiona.

Tu responsabilidad no es propiamente estar detrás de cada una de las personas a tu cargo, y ser el que en el último momento les da un grito de advertencia antes de ponerse en alto riesgo de lesión. Más que eso, la responsabilidad estriba en observar de forma continua a los colaboradores directos y sin tener que esperar a que estén a punto de accidentarse, compartir mensajes de prevención y las formas adecuadas de realizar una tarea, siempre y cuando las conozcas e incluso las puedas mostrar, no solo decir.

Esta tarea de prevención es la más valiosa y a su vez la más complicada para un líder, con esta tratas de convencer a las personas de que no solo se trata de realizar una actividad, sino que hay que realizarla con calidad, productividad y seguridad. Y para lograr esto, primero tu tendrías que estar convencido para poder convencer, sería muy incongruente no creerlo de esta forma, y es precisamente por esta razón que no es fácil de realizarse, ya que por un lado está la organización que exige resultados y a pesar de que se diga lo contrario, la prioridad es la productividad y para muchas, esta prioridad es la calidad del producto o servicio. Y por el otro lado tienes la seguridad de las personas, que no se ve como un número positivo la mayoría del tiempo, sino que se ve como un número negativo cuando se presenta un accidente. Así el líder se ve inmerso en esta encrucijada que lo lleva por un lado a cumplir con un número de piezas, número de horas trabajadas, porcentaje de satisfacción del cliente, porcentaje de efectividad y eficiencia o lo que es igual; una cantidad de trabajo o productividad, y por otro lado; mantener a todo su personal libre de incidentes mientras logra números cada vez más retadores de acuerdo a las nuevas tendencias de la compañías de manufactura de clase mundial.

Esta forma de trabajo para un líder se convierte en una especie de filosofía impregnada de acuerdo a la Organización en la que se desempeña, ya que definitivamente se viven culturas y formas muy distintas en mayor o menor medida influenciadas por el estilo de liderazgo de los altos mandos, que a su vez esta y debe estar influenciada por el tipo de Compañía, desde su pertenencia Corporativa o su origen en cuanto a nacionalidad se refiere.

Estas son buenas noticias para los líderes que constantemente tienen que estar convenciendo a las personas de que su bienestar físico es lo más importante para mantener los niveles de productividad y calidad, porque aquí es donde esta responsabilidad se soporta para los que están en niveles de mandos medios, y no se trata de una forma de justificación solamente, sino una forma de balancear las prioridades y por ende tener a la par la productividad, la calidad y la seguridad, porque la organización así lo predica y trata de lograr de forma consistente. Esta responsabilidad se soporta con la Política de Seguridad y Salud, las Reglas Generales y los procedimientos documentados y no documentados de la compañía, especialmente de las que se rigen por estándares corporativos o por algún sistema de gestión certificado.

La responsabilidad debiera ser la de observar a las personas más que tratar de observarlas cometer errores o actos inseguros, como quien dice "cacharlos infraganti", que definitivamente funciona también, pero el líder no debe empeñarse en tratar de buscar hasta encontrar lo que se hace mal y cuando se hace mal, de hecho, sería muy contraproducente al generar una actitud muy dependiente de los subordinados, limitando los buenos comportamientos al momento en que son observados y fomentado las malas conductas siempre que no están siendo observados directamente, que pudiera ser la mayoría del tiempo.

Otras responsabilidades

Proveer información de forma grupal, balancear las jornadas de trabajo y tiempos extraordinarios, asegurar que se cuente con maquinaria, equipo y herramientas adecuadas y en buenas condiciones, solicitar EPP, dar seguimiento a los planes de capacitación, fomentar la participación en campañas de prevención, investigar accidentes e incidentes, realizar inspecciones planeadas y dar seguimiento a las acciones preventivas y correctivas derivadas de las distintas fuentes son las principales responsabilidades aplicables de acuerdo a los requisitos y estándares de la Organización.

La autoridad

Un punto débil de la mayoría de las organizaciones cuando hablamos de la forma como documenta y permea una descripción de puesto de los puestos clave cuando de liderazgo en seguridad se trata, es que no hacen énfasis en la autoridad que un Líder/Supervisor/Coordinador tiene y debe tener. Como lo mencione en párrafos anteriores, usualmente se asigna un gran número de responsabilidades, pero no se definen y menos se comunica o se enfatiza la comunicación de la autoridad(es) que se tienen en este rol. Se da por hecho que un Supervisor, especialmente los que tienen experiencia en el puesto, aunque haya sido en otras organizaciones, entiende que al tener un puesto de este tipo, sabe cuál es y debe ser su autoridad y la forma en que debe hacerla cumplir.

Pensemos por un momento en como un Jefe de Familia entiende que; al serlo, su autoridad es absoluta y puede hacerla valer cuando considere necesario y sin importar las formas, quizá sería muy fácil la interacción entre todos los miembros de dicha familia. Solo piensen por un momento en que no habría un reto a dicha autoridad y en esa medida la palabra de ese líder sería la última y única palabra, sin derecho de réplica o debate.

Sin embargo, en el ámbito laboral, es virtualmente imposible para un verdadero líder y más aún un Líder en Seguridad el ser Autocrático, dicho de otra forma, que solo aplique la filosofía popular de que "solo sus chicharrones truenan", aunque es acertada esta afirmación cuando se es el Jefe de un área, es importante que la autoridad se aplique y entienda de forma muy específica, de tal manera que facilite su aplicación de forma justa.

La autoridad es parte de la responsabilidad y no puede existir responsabilidad sin autoridad, por el contrario si puede existir autoridad sin que una persona se sienta responsable del resultado. Les pongo el ejemplo de un maistro albañil que realiza un trabajo en tu casa:

¿A quién le interesa que quede bien el trabajo? ¿A quién le interesa que se realice en el tiempo convenido?

Y las respuestas a estas preguntas de la forma lógica es que a los dos les interesa el mismo resultado, sobre todo cuando estas pagando por la calidad y un trabajo específico, no por el tiempo que se trabaje. Entonces se puede decir que ambos son responsables.

Ahora piensa en la siguiente cuestión relacionando el Liderazgo en Seguridad: ¿De quién es la responsabilidad en caso de que el albañil sufra un accidente? Supongo que tienes tu respuesta, y por si no sabes de leyes, tú eres el responsable de lo que le suceda a una persona que está prestando un servicio dentro de tu propiedad, sin importar su alta en el seguro social o que hayan firmado algún contrato formal. Por lo tanto, en esta medida, no solo eres responsable, sino que tienes la autoridad para detener una maniobra que ponga en peligro a la persona, en especial cuando se arriesgan a sufrir lesiones graves.

"No puede existir responsabilidad, si no hay autoridad."

Las siguientes son algunos ejemplos de situaciones y cómo se aplica o debería aplicar la Autoridad en materia de seguridad y salud cuando se es líder de un área/grupo:

Situación	Forma de aplicar autoridad
Persona ajena a área entra en zona considerada de riesgo y de acceso restringido.	Contacto personal para solicitar que se retire del área.
Operador del área no porta su equipo de protección personal.	Contacto personal para investigar la razón de la falla. Documentar en caso de reincidencia.
Técnico de mantenimiento realiza reparación sin bloquear la energía.	Contacto personal para detener el trabajo y solicitud de presencia del Jefe Inmediato del técnico en cuestión.
Contratista realizando trabajo en tablero eléctrico sin delimitar o acordonar el área de riesgo.	Contacto personal para detener el trabajo y solicitud de presencia de responsable de compañía contratista.
Materialista deja cajas obstruyendo equipo de respuesta a emergencias.	Contacto personal en caso de encontrar al responsable al momento o contacto directo con Jefe de Área de Materiales para solicitud de remoción de material inmediatamente.

En la medida que se aplica la Autoridad, será consistente la forma en cómo se cumple con las responsabilidades definidas y por ende en cómo se alinea con el rol de líder.

Piensa en que, si solo se trata de cumplir con una responsabilidad sin forzar la autoridad, entonces dependerás de la buena voluntad de las personas y las probabilidades de que cometan errores aumentaran, simplemente porque saben que no se aplican consecuencias, incluso cuando se cometen faltas muy graves y hasta negligentes.

8

Empatía solida

En el 2012, ya con 13 años en Plantas de Manufactura, al desempeñarme como Líder de EHS en uno de los grandes proveedores de la Industria Automotriz (Magna International), y después de haber formado parte de Organizaciones de clase mundial como Honeywell, Cooper Industries, Johnson Controls, Whirlpool y Danone, decidí desarrollar un Taller de Liderazgo en Seguridad; y fue así como surgió mi Modelo que engloba las 5 características que personalmente considero que no le deben fallar a un Gran Líder en Seguridad:

Mi Modelo de Liderazgo en Seguridad

Empatía Solida - Comunicación Efectiva – Infundir Respeto – Motivación – Liderar con el Ejemplo

Para iniciar con la explicación de estas características, te voy a remontar a tus años de niñez y adolescencia, cuando aún no eras capaz de ser autosuficiente y prepararte los alimentos que querías disfrutar o comer a la hora que quisieras.

Si ya estás visualizándote, te invito a que pienses en lo que más te gustaba comer, en lo que no te gustaba comer tanto y en lo que de plano no te comías hasta después de un buen zape; o los clásicos argumentos de Madre; "No hay otra cosa", "Aquí no es restaurant", "Te lo comes, o si no, te castigo, castigo, castigo................". Estos argumentos que son el perfecto ejemplo del concepto de "Empatía sólida" que estaremos descifrando para su aplicación en tu entorno laboral, y hasta el personal, como líder que eres.

Supongo que hemos vivido circunstancias distintas en el entorno familiar, pero al final no son tan distintas cuando pensamos en como el amor de Madre y su preocupación por el bienestar de sus hijos se asemeja y por lo tanto siempre buscaba el mejor desarrollo físico para cada uno de los suyos. Las Madres preparaban los alimentos para sus hijos considerando la economía del hogar, y al mismo tiempo, sin ser nutriólogas expertas, consideraban una especie de balance de los distintos grupos de alimentos, desde las carnes, las frutas, las verduras, los lácteos y los granos.

Entonces ¿Cómo se relaciona este ejemplo con el concepto de "empatía sólida"?

Se relaciona directamente con la forma en que una Madre no negocia para que su hijo coma lo que se prepara, sino que predomina el pensamiento de bienestar, sobre el del gusto, no cede ante los ojos de huevo cocido del niño o el chantaje tan bien ejecutado de algunos chiquillos más dramáticos.

La "Empatía simple" terminaría por hacerle decir a la Madre: "¿Qué quieres que te prepare mijito?", "Si no quieres, no comas", "Si te lo comes, te doy un premio". En otras palabras, terminaría cediendo ante el deseo del niño de comer algo diferente, darle un premio o simplemente de permitirle no comer lo que se le preparo, especialmente cuando se trata de verduras, ensaladas o platos muy nutritivos de granos, como lentejas, habas, garbanzos y hasta los casi desconocidos de las nuevas generaciones "frijoles de la olla" o frijoles en bola como se les dice también. Mientras que para aplicar la empatía sólida se necesita un poco más que una frase, se necesita una frase contundente, pero acompañada de una buena dosis de carácter e inteligencia emocional. Para este caso en particular sería algo como así: "Es la opción que prepare para todos, así que hay que comer", u otra opción pudiera ser: "Se que no es tu comida favorita, pero no hay otra opción.

La primera frase denota esa parte de empatía, y la segunda hace que esta se convierta en empatía sólida, donde no hay lugar a negociación. Es como decirle a la persona: "te entiendo, pero no comparto tu opinión o argumento"

"Una explicación de los hechos, no es justificación de la razón"

La forma más sencilla de interpretar el concepto de empatía, es con la frase de "ponerse en los zapatos del otro", y claro que esa sería una forma que a las mujeres les encantaría verlo realidad, especialmente con el uso de unos zapatos de tacón de esos de diez o más centímetros de alto y con tacón fino para que sea aún más complicado para un hombre caminar en ellos y que se cansen con la primera media hora de su uso, si es que logran caminar.

El concepto de empatía se deriva de la palabra emocionado, que ya traducido de forma literal; sería la capacidad de sentir lo que otro individuo puede sentir, hablando de la parte de las emocional o sentimental.

Cuando eres líder de un grupo, el concepto de empatía está continuamente inmerso en las actividades que se desarrollan, y este debe considerarse imprescindible pare el rol, sin embargo no debe considerarse extraordinario tener cierto grado de él, solo por el hecho de ser parte activa de una sociedad moderna que siempre está tratando de enviar mensajes inconscientes para ponernos en el lugar de otra persona, desde el momento que ves una película y te pones en el lugar del protagonista, estas siendo empático, aun cuando es un villano; cuando se recauda dinero para una causa benéfica y aunque no aportes nada, de alguna forma tratas de ser empático con los beneficiarios; y también cuando funciona tu lado avaro y te pones a pensar en lo que harías con grandes cantidades de dinero si las tuvieras, esa es una forma de empatizar también.

Así que el ejercitar la empatía para cualquier persona es de lo más normal, pero para un líder se convierte en un verdadero problema cuando más que tener empatía, trata de simpatizar con sus colaboradores, que vaya que hay una enorme diferencia entre uno y otro concepto. Mientras que ser empático tiene connotación de sentir o tratar de sentir lo que la otra persona siente, la simpatía busca además que se entienda el porqué de ese sentimiento y más aún que se muestre que así se hace de alguna forma, en pocas palabras: ser simpático, es ser un empático buena onda.

"Mi trabajo no es ser complaciente con las personas. Mi trabajo es empujar a estos grandes trabajadores que tenemos y hacerlos aún mejores".- Steve Jobs, fundador de Apple.

Cuando un colaborador dice: "Mi jefe es buena onda", está diciendo de alguna manera que es un jefe simpático que lo entiende como persona y como trabajador, y quizá, que hasta es empático. Para nada podemos decir que un líder no tiene que ser simpático, de hecho, es una de las características del liderazgo más sonadas, usualmente identificada como "carisma", la cual es una cualidad que tienen algunos de los líderes más influyentes, principalmente cuando de política se trata.

El líder simpático es el que saluda con una sonrisa a sus colaboradores todos los días y que escucha los problemas directamente de ellos, desde los del trabajo y ocasionalmente hasta los personales. El líder empático es el que trata de observar el estado en que llega su colaborador a iniciar un turno de trabajo y eventualmente se acerca a preguntar sobre el estado observado, principalmente cuando es algo que pudiera ser negativo de forma personal para el colaborador y provocar errores en la ejecución de tareas. El líder que tiene empatía solida tiene muy poco de simpático, de hecho, es el clásico jefe que puede considerarse en el lado contrario cuando de trabajo se trata, pero para lograr ese nivel de empatía sólida, antes tuvo que haber tenido un alto grado de simpatía con sus colaboradores, sobretodo porque no se puede dar el brinco directo a poder aplicar la empatía solida si no existe un buen grado de confianza mutuo. Es como en el caso de los Padres, que, para poder aplicar la empatía sólida, en buena medida tuvieron que generar ese vínculo fuerte que no solo puede ser el relacionado con la sangre o descendencia directa, sino con la crianza y convivencia constante durante la infancia y hasta los primeros años de la adolescencia, siempre teniendo el debido cuidado con no subsidiar una amistad, porque a pesar de que hay que tratar de ser amigos con los hijos, como dice el dicho "cría cuervos y te sacaran los ojos", en palabras menos agresivas: se pueden pasar de la raya cuando creen que están al mismo nivel. De igual forma sucede con un líder de grupo, que cuando es ascendido a ese rol o cuando llega a una compañía distinta, busca ese vínculo con los colaboradores antes de poder apretarles las tuercas para lograr las metas, o incluso para aplicar las reglas o disciplina que considere necesaria.

La clave es la Asertividad

Para aplicar la Empatía Solida de forma óptima hay que entender de forma adecuada el concepto de Asertividad, el cual no es tan común tener en cuenta, por el simple hecho de que la mayoría del tiempo actuamos en piloto automático, y aunque la palabra no está incluida en el diccionario de la Real Academia Española de la Lengua, la forma fácil de interpretarla y como yo la entendí hace algunos años es: "decir lo correcto, de la forma correcta y en el momento correcto".

Fácil, ¿verdad? Correcto, correcto y correcto. Sin embargo cumplir con las tres condiciones está complicado, simplemente porque no es fácil determinar qué es lo más correcto para cada situación, desde definir el momento correcto; porque más allá del tiempo, se refiere al estado de humor en el que se encuentra una persona, que al final es difícil predecir o interpretar, y ya si hablamos de las formas, lo que complica el tema es que al final del día cada uno de nosotros tenemos nuestra personalidad más que definida y las formas de conducirnos con las personas ya están muy practicadas; y no se trata de decir las cosas de una buena manera, porque también hay que saber cuándo hay que levantar la voz y mandar un mensaje que surta el efecto en el momento, pero de igual manera en el mediano y hasta largo plazo. Cada quien sabe lo que tiene en su olla y por lo tanto es consciente de que hay algunos más rudos a los que se les tiene que hablar más fuerte e inclusive hasta con algunas "madres", y hay otros con humores tan cambiantes que hay que tratarles con pinzas. Como lo hacía el popular personaje de Doña Margara, que amablemente mandaba a la gente a Chi#&@* a su Mami, pero siempre con todo respeto.

Decir las cosas con Asertividad es fácil cuando no hay nada que corregir, pero este proceso aumenta su grado de complejidad cuando hay fallas, errores, faltas, omisiones; especialmente las que pudieran provocar un incidente. Y precisamente cuando hablamos de cuidar la integridad de las personas y hasta de los bienes materiales, no se trata de decir lo que el otro quiere escuchar (Empatía), sino de decir lo que la persona necesita escuchar (Empatía Solida), o sea que lo correcto para estos casos tiene que ver con la detención de un Acto Inseguro y hasta la corrección de un Condición Insegura.

Feddback or Feedforward

Y cuando se presentan errores y es necesario tener una interacción con una persona, en especial si se trata de un Colaborador directo, piensa en la forma en que a ti te gustaría que se te llamara la atención, dicho en el lenguaje actual de las Organizaciones "¿Cómo preferirías que se te diera retroalimentación o Feedback?". Personalmente siempre aprecie una buena retroalimentación que se enfocaba en hechos específicos y formas en que tu Jefe podía apoyarte, no se centraba en ambigüedades o generalidades que en ocasiones tenían que ver con un departamento y nada contigo. Esta es una de las tareas que puedes convertir en un habito, el cual eventualmente puede formar parte de tu nueva personalidad de Gran Líder.

Y como Buen Líder en este siglo XXI, hay que ir más allá de la Retroalimentación, hay que evolucionar y buscar dar Pre alimentación que suena más bonito en inglés "Feedforward", o sea hacia delante, donde la idea más que hacer énfasis en el error cometido, se debe centrar en ver como se le puede ayudar a la persona para que no vuelva a suceder más.

Una negociación Ganar-Ganar es lo que todo Líder en Seguridad debería buscar con este proceso, no solo de Feedback o Feedforward, sino el de Empatía Solida como tal, como si fuera un partido donde no buscas un perdedor, sino que buscas empatar, como siempre le digo a los amigos locales cuando se presentan los Clásicos Regios de futbol: "para mi es mejor que empaten para que todos queden en paz y no haya tantas peleas". Al empatar, siempre y cuando no se trate de una competencia, tienes dos ganadores, donde hay ganancia y aprendizaje para ambos, como indica la raíz etimológica de la palabra que proviene de "pattare" procedente del latín "pactare", que significa pactar o quedar en paz. Y más que quedar en paz, es tener la certeza de que el subordinado comprendió el mensaje en pro de su bienestar e hizo el compromiso de no cometer nuevamente el mismo error, aunque no haya quedado tan contento, quizá hasta quedo molesto y avergonzado; por eso es que la Empatía Simple no es suficiente, se necesita "Empatía Solida".

Si habláramos en lenguaje de sistemas, el proceso de Feedback y Feedforward se presentaría como un diagrama donde no solo envías un mensaje, sino que recibes una respuesta. Traducido al proceso de comunicación, diríamos que sería un dialogo, no un monologo. Esto lo vamos a entender con más claridad en el siguiente capítulo, pero vale la pena hacer una nueva analogía sobre otro deporte; el boxeo, donde se dan guamazos, pero de igual forma se reciben, y para que pudieras tener un empate, tendrías que haber recibido más o menos la misma cantidad que conectaste.

9

Comunicación efectiva

Más de la mitad del tiempo de un Supervisor, en especial los que tienen personal operativo a cargo, lo invierten en el proceso de comunicación, y para los encargados del Área de Seguridad debería ser hasta de un 80% de su tiempo el invertido en el mismo proceso de interacción a todos los puestos/áreas/personas de una Organización.

Definitivamente vale la pena hablar del tema, ya que no solo es una de las características de un Líder en Seguridad, sino que es la base para desempeñar el rol, considerando que pueden estar en riesgo las vidas de los colaboradores cuando un mensaje no se comunica de la forma óptima. Por esta razón es crítico repasar / reforzar o aprender con algo de detalle el proceso completo de la comunicación.

"Comunicarse es fácil, tener comunicación efectiva no lo es tanto."

La comunicación es la actividad consciente de intercambiar información entre dos o más personas con el fin de transmitir un mensaje, incluidas las formas verbales y no verbales. Los pasos básicos de la comunicación son los siguientes:

Intención de comunicar → Composición del mensaje → Transmisión → Recepción → Interpretación → Respuesta

Escucha Activa

Comentamos al final del capítulo anterior que el proceso de retroalimentación debe incluir una respuesta, y esta inicia con el escuchar e interpretar un mensaje. Las personas oímos, pero no escuchamos. En ocasiones estamos pensando en la respuesta que vamos a dar, cuando la otra persona aún está hablando. En lugar de escuchar para entender, escuchamos para responder.

La Escucha Activa es más cuestión de actitud y algunos comportamientos visibles, se trata de interpretar los sentimientos, las ideas y pensamientos que están detrás del mensaje que se está dando. No solo de escuchar para entender, sino de escuchar para demostrar interés y hasta disponibilidad para brindar apoyo.

A un Líder en Seguridad le debe interesar escuchar los detalles de los problemas que detectan las personas que están realizando las operaciones de forma directa y continuamente. Quizá el grado de riesgo de accidente interpretado por parte de un Operador no sea evaluado de forma objetiva y parezca hasta exagerado, pero el proceso de Escucha Activa te ayuda a que entiendas las razones por las que la persona tiene esa percepción y aunque no conozca una técnica para evaluación de riesgos, el Líder no puede dejar pasar la situación comunicada y confiar en el sentido común del trabajador.

Así que la tarea es escuchar más, incluso pedir que se repita un mensaje, asegúrate de entender más allá de lo que se dice, sino por qué se dice. Combina tus habilidades de Empatía Solida para interpretar mejor un mensaje y dar la respuesta más acertada.

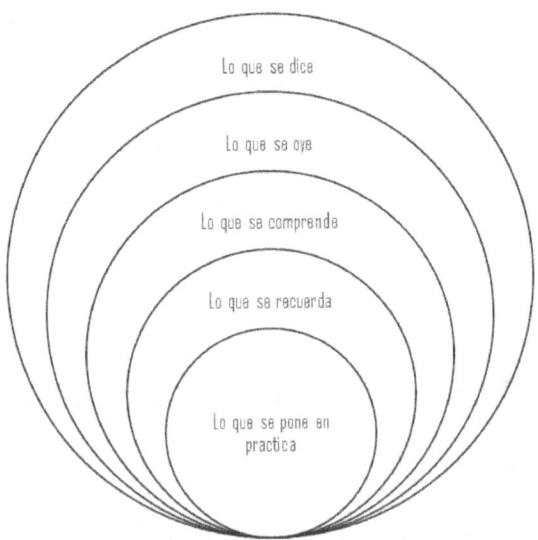

Como lo muestra este modelo: es mucho lo que se dice, poco menos lo que se oye, menos lo que se comprende, aun menos lo que se recuerda y muy poco lo que en realidad se pone en práctica.

"Dios nos dio dos oídos y una sola boca, para que escuchemos el doble de lo que hablamos."

Lenguaje no verbal

Una de las formas de ejercitar la Escucha Activa es a través de interpretar el lenguaje no verbal que consciente o inconscientemente tiene un Colaborador al momento que le das o te da un mensaje, especialmente cuando le llamas la atención. Con esto, tú estarías tratando de entender las razones que hay detrás de un mensaje. Usualmente tratamos de interpretar este tipo de comunicación en términos de actitudes, catalogándolas en positivas o negativas. Sin embargo, no debemos cometer el error de tratar de interpretarlo todo, como recientemente se buscan psicoanalizar detalles mínimos del comportamiento humano, desde el trabajo, la casa y hasta en la escuela.

Al hablar de Liderazgo en Seguridad, más que analizar el Lenguaje Corporal de tu personal, al que ya conoces de sobra y automáticamente tienes clasificados entre buenos, malos, mejores y peores, piensa en tu Lenguaje Corporal, ese que tu estas transmitiendo y que inconscientemente te ayuda o te perjudica en tu rol como Líder.

Piensa en las ocasiones que ni siquiera haces contacto visual con una persona, o en las veces que se te nota a leguas tu frustración por la zarandeada que te dio el Jefe porque no se cumplió con las metas. Piensa en la distancia que tomas con respecto a tu colaborador cuando le estas corrigiendo o cuando te pones a discutir una situación con otro Supervisor, quizá hasta te acuerdes de la secundaria cuando te ponías a retar a alguien hasta con la forma en como movías tu cabeza. De igual manera cuando cierras los puños y hasta te tiembla el labio.

La invasión del espacio personal es otro de los aspectos que hay que manejar de forma correcta, ya que sin darnos cuenta podemos estamos tratando de denotar el dominio sobre la persona, señal de querer resaltar el Poder Legítimo.

Y cuidado con las palmaditas, esas que pudieran ser interpretadas también como una invasión del espacio personal o un gesto de familiaridad que el colaborador quizá no comparta de la mejor manera, a pesar de que tu intención como Líder sea la de generar más confianza. Este detalle en particular se debe de dar de forma gradual, iniciando con un buen saludo y hasta una buena sonrisa, pero no al revés. Y más aún si no lo vienes haciendo o haces de forma regular, aunque si no lo haces, pues un día tienes que empezar.

Algunos de los ejemplos típicos del lenguaje corporal que todo líder debe saber interpretar son:

a) Tragar saliva: significa que una persona está nerviosa o también muy incómoda, lo más seguro es que sabe algo que tú quieres saber.

b) Brazos y/o piernas cruzadas: es una señal de que la persona está a la defensiva.

c) Manos en los bolsillos: indica que una persona no quiere participar o cuando habla puede significar que está mintiendo o tiene inseguridad de lo que dice.

d) Movimiento de inclinación de la cabeza (asintiendo): significa que está prestando atención, pero quizá también que solo te está siguiendo el rollo.

e) **Brazos cruzados con pulgares hacia arriba:** es una postura que revela confianza en uno mismo y a la vez superioridad con respecto a los demás que están presentes.

f) **Dirección del pie:** la pierna que queda en posición lineal indica el lugar hacia donde se dirige la atención o hacia la persona en quien el individuo se está enfocando.

g) **Efecto espejo:** cuando una persona está en sintonía y de acuerdo con una idea, puede tener una postura igual.

h) **Dirección de la mirada:** es la forma más fácil de detectar cuando una persona te presta atención, sin embargo te pueden engañar algunas personas que tienen inseguridad y hasta miedo, lo cual puede ser resultado de que sienten intimidados (cuidado con eso), puede ser una señal de que tu Poder Legítimo rebasa por mucho tu Poder de Referencia.

Entonces, a ser conscientes de nuestras palabras y de nuestras posturas. De igual manera con las posturas de los colaboradores, en especial cuando les llamas la atención por alguna falla u omisión, especialmente de seguridad, porque puede estar en juego la integridad física y hasta de los bienes materiales y definitivamente no te puedes dar el lujo de pasar desapercibidas actitudes que se pueden detectar con el lenguaje corporal.

Expectativas claras

Sin irnos a fondo con el tema de las expectativas a largo plazo, lo que les quiero compartir esta en función de la forma en como damos instrucciones específicas para una tarea y a la vez transmitimos el resultado que se espera, o sea las expectativas. Cuando se hacen tareas consideradas No Rutinarias, por el hecho de que no se realizan todos los días, son actividades que presentan variables que pudieran representar un riesgo mayor de accidentes, ya sea por la falta de un espacio para realizar dicha tarea, la herramienta disponible que quizá no sea la óptima, y hasta los métodos o formas, que al no ser tareas repetitivas, definitivamente no se tienen claramente definidas.

Aquí es donde tenemos que repetir las instrucciones y hasta asegurarnos de que la persona haya comprendido lo necesario para realizar un trabajo con calidad y con seguridad. Una buena forma de asegurarse de que la persona entendió las instrucciones y expectativas, es haciendo que se repitan las mismas, aunque algunos se sienten ofendidos cuando se les solicita que lo hagan, es un paso que hay que hacer también para generar el compromiso de la persona.

Creo que los que somos Padres ya deberíamos de ser expertos en el tema de repetir instrucciones, ahora solo hay que ser más inteligentes en las formas, para así facilitarnos y facilitarles la vida, empezando con la segregación de actividades complejas y dar instrucciones precisas cuando esperamos resultados igual de exactos.

Como líder no puedes deslindarte de una instrucción dada y menos de una instrucción no dada de forma adecuada, mucho menos cuando se hace para realizar actividades que implican mayor riesgo de accidentes. No puedes asumir que la persona debe entender de la misma manera que tú lo haces y tampoco que la persona le dará el mismo grado de prioridad o interés, aunque tú creas que así lo manifestaste.

El nivel de prioridad que tú le des al mensaje es el máximo nivel, no esperes que tu colaborador le dé el mismo grado de importancia, por esta razón hay que poner claras las expectativas, incluso puedes poner la vara más alta y quizá hasta te sorprenda lo que una persona puede hacer.

10

Infundir respeto

La definición exacta del verbo infundir es: "despertar o inspirar un sentimiento en alguien". Y al hablar de la palabra respeto, no solo se trata de que exista por el hecho de que hay una autoridad, sino de que las personas tengan ese sentimiento despierto por el hecho de todo lo que eres, no solo de lo que representas.

Infundir respeto es una señal de convicción, no de obligación. Es cuando las personas que están en tu mismo nivel reconocen que eres digno de admiración, inclusive un modelo a seguir y por lo tanto de respeto, y los que te siguen o deben de seguir porque eres su Jefe, están convencidos de que están obedeciendo a una persona que se ha ganado a pulso ese respeto, no solo por estar al mando, o por cómo te ves y presentas ante ellos, sino por lo que haces y como lo haces.

La palabra respeto se relaciona directamente con el Poder Legítimo por el hecho de ser una figura de autoridad, pero también es cierto que vas a tener personas que siempre van en contra de la autoridad y lo que significa, en especial los más jóvenes que mientras no se caigan del árbol seguirán tratando de mandar mensajes de rebeldía, por eso es importante que no dependas en tu cargo para obtener respeto, sino que llegues a ese nivel de infundir respeto, lo cual no podrás medir de forma objetiva, pero si podrás predecir en la medida que mejores en los puntos que vienen a continuación.

"Los patos salvajes siguen al líder de su parvada por la forma de su vuelo y no por la fuerza de su graznido".- Proverbio chino.

Conocimiento y Competencia

Tener conocimiento sobre un tema, proceso o área en particular es imprescindible para un Líder a cargo de la misma área, sin embargo un líder debe pensar más allá de su liderazgo para un solo tema/área/proceso, debe pensar en que las características y habilidades de liderazgo que se tienen y adquieren son aplicables a cualquier tipo de materia y situación de la vida cotidiana. Eso te dará una ventaja competitiva y como buen líder, estas abriendo tus posibilidades para desempeñarte en distintas áreas de una organización.

Leer más, aprender más, investigar más, te ayudara a mejorar como persona y por ende; como líder. Si no fuiste lidercillo desde chiquillo, puedes ser un gran líder con el tiempo y la preparación. Me gusta mucho la frase en idioma ingles que dice "leaders are readers", cuyo significado sin verso en español es: "los líderes son lectores", y más que ser lectores son captores de información, de experiencias, de anécdotas e historia. Las personas no cambiamos nuestra consciencia de las cosas nada más porque si, los líderes no mejoran de un día para otro porque se metieron al linkedin y leyeron una que otra frase trillada acerca del liderazgo. Los líderes toman mejores decisiones basadas en nueva información, en nuevas formas de ver la vida, el entorno, los negocios y a las personas mismas.

La información técnica es importante, incluyendo cuando hablamos de temas de seguridad y salud en el trabajo, desde conocer que existen normas que hablan de las condiciones mínimas de seguridad para una planta y hasta saber los límites máximos permisibles de ruido en el medio ambiente laboral o el uso de equipo de protección personal de acuerdo a los riesgos evaluados.

Al ser líder de un área, debes conocer los procesos y su forma de ejecutarlos, quizá no llegues a ser más hábil que tus colaboradores, pero nunca faltara el que rete para que le muestres como se hace algo que le estas pidiendo y que él piensa que tú no puedes hacer o que es imposible de hacer. Pero tampoco se trata de que te arriesgues de más si no sabes cómo hacerlo, también como líder es bueno aceptar que no lo sabes todo y esto te da la oportunidad de exaltar la habilidad de un colaborador.

Ten en cuenta que el conocimiento te lo puede dar un diploma, un título y la preparación independiente que puedes adquirir, pero no necesariamente te da competencia, ya que ser competente va ligado a la parte de la ejecución, dicho de forma más simple: el conocimiento te da la teoría y la competencia te la da la práctica, en la cual se combinan las aptitudes actitudes, valores y las formas mismas de ejecutar lo aprendido. Sé que a uno que otro amigo de RH no le gustara tanto esta forma de interpretar la palabra competencia, pero personalmente creo que es la forma más sencilla de descifrarla.

"Si tus acciones inspiran a otros a soñar más, aprende más, haz más y conviértete en algo más, entonces serás un líder".- John Quincy Adams, ex presidente de Estados Unidos.

Admite tus errores

Los líderes son decisores de forma permanente, facultad que continuamente te pone en riesgo de cometer errores, y es tan válido que la condición humana así lo permite y más que permitirlo, es algo que simplemente no dejara de ocurrir. Tenemos que admitir que aún no usamos una gran parte de la capacidad cerebral y por lo tanto no podemos predecir el futuro para evitar dichas equivocaciones. Al tener la responsabilidad de tomar tantas decisiones en el día a día, es normal que nos equivoquemos en algunas de ellas, pero también debería hacérsenos una normalidad el admitir que así lo hicimos.

Es un hecho que no debes rendir cuentas a tus colaboradores de todo lo que haces, pero vale la pena saber comunicar ciertos detalles que pueden ser importantes para que sigas siendo o llegues a ser el líder que quieres ser, especialmente cuando tomamos una decisión que va en contra de lo que algunos trabajadores opinaron y trataron de advertirte una posible consecuencia. No significa que como líder no tengas derecho a equivocarte, lo que si no es válido es estar cometiendo el mismo error una y otra vez.

"Un buen líder es aquella persona que acepta más de lo que le toca de culpa y menos de lo que le corresponde de crédito".- John Maxwell, orador estadounidense.

Un ejemplo muy acertado en este aspecto es cuando a un líder se le hace costumbre no usar el Equipo de Protección Personal, claro que a todos se nos ha olvidado en algún momento ponernos los tapones auditivos o incluso los lentes o guantes, pero también hay casos que conscientemente no lo utilizan sin importar lo que los colaboradores piensen al respecto. Por esta misma razón, en ocasiones no se exige a los trabajadores que usen el mismo, por la simple pena de no querer demandar algo que tú mismo no haces de forma consistente.

Admitir nuestros errores es algo que más que demostrar debilidad, demuestra una madurez en nuestra persona y más aún como líder.

Muestra respeto

Bien decía Don Benito Juárez: "El respeto al derecho ajeno es la paz", y una buena forma de traducirlo al mundo del Liderazgo y las relaciones interpersonales seria: "Hay que respetar para ser respetado", partiendo de ser impecable en las palabras y formas de comunicación, sin que esto signifique que siempre debes ser el más amable y nunca debas levantar la voz, porque definitivamente como Líder tendrás que hacerlo de vez en cuando, y en especial con algunas personas o en distintas situaciones, pero no necesariamente con todos o de la misma manera. En este sentido siempre pongo de ejemplo al Tuca, conocido entrenador de futbol soccer con una buena cantidad de años aquí en los rumbos de San Nicolás de los Garza, que a pesar de que se ve que en los últimos años ha cambiado bastante, era uno de esos entrenadores que hasta cuando un jugador metía gol le echaba de madres, ni hablar de cuando no ejecutaba lo que se le pedía o de la forma que se le pedía. Quizá para una persona así no es falta de respeto, por el hecho de que sus colaboradores ya le conocen, pero es un hecho que no te puedes dirigir de esa manera, ni todo el tiempo, ni con todos, ya que eventualmente terminan por tirarte al Lucas.

Y si crees que tienes que decirles de madres a tus colaboradores para que hagan algo, personalmente creo que es válido cuando está permitido que a ti te hablen de la misma manera. Apuesto que eso ya no te gustaría.

Lo Cortes no quita lo Cabral decía la promoción de una gira de un par de cantautores y aunque no tienes que ser el más caballero del mundo, es crítico que seas cortes y demuestres clase, ya que la cortesía lleva inmersa una actitud de servicio, y el líder no puede prescindir de esta, por la simple razón de que un Líder se convierte en el servidor de sus seguidores.

"Es imposible ser cortes y egoísta al mismo tiempo."

En ocasiones se comete el error de buscar pintar la línea de la autoridad tratando de mostrar con palabras hasta ofensivas que estas facultado para mandar y que no se tiene alternativa, pero eso solo lograra que tus colaboradores eventualmente te pierdan el respeto, de hecho puede ser más rápido de lo que imaginas. Debes entender perfectamente que no puedes pensar en esos "colaboradores" como sirvientes, subordinados o esclavos que están para siempre agachar la cabeza y obedecer, porque es bien sabido que en la forma de pedir, está la forma de dar. Al final del día los resultados, tus resultados y sus resultados se logran a través de todos tus colaboradores.

> "Cuando los que mandan pierden la vergüenza, los que obedecen pierden el respeto."

Cuando inspiras ese respeto en tu equipo de trabajo, lo más seguro es que tengas un buen ambiente de trabajo y así sea fácil mantener dicha armonía, donde no solo existe cooperación mutua, sino que siempre hay disponibilidad hacia ti como Líder.

Nadie nace siendo Jefe, por lo menos no de una planta de manufactura, donde las estructuras no son tradición familiar en su mayoría, y a pesar de que cada uno de nosotros hemos vivido circunstancias distintas, hay que recordar de dónde vienes y simplemente tratar de igual manera tanto a la señora de limpieza, como al que te sirve los alimentos en un comedor o hasta en un restaurante. Cuando muestras respeto a cualquier persona en cualquier parte, eres congruente con ese respeto que quieres infundir, cualidad que no es tan fácil de adquirir, pero que conscientemente puedes ejercitar.

11

Motivación

Todos necesitamos un motivo para lograr hacer algo; lo que sea, que a su vez puede venir acompañado del impulso, las ganas, la fuerza, el ánimo, la razón o sea: la "motivación".

Una de las tareas continuas que tiene un líder y complementa a la característica de Comunicación Efectiva; es la de motivar a sus colaboradores, buscar que se ejecuten las tareas convencidos del buen propósito de lograrlas y del beneficio que todos obtienen, considerando que el primer beneficio para un verdadero Líder en Seguridad es el de mantener el bienestar de sus colaboradores, bienestar de en toda la extensión de la palabra, no solo en la parte física, sino la parte emocional que cada vez es más crítica en los centros de trabajo.

La motivación es lo que hace que una tarea simple, sea una tarea importante y hasta vital para el logro de una meta en común. Y cuando relacionamos el concepto de motivación al Liderazgo en Seguridad, estamos relacionando como una persona que cuenta con esta, la traduce en una buena identificación de peligros, en no cometer errores, en cuidarse y cuidar a los demás, siempre convencido de que la prevención de lesiones y el cuidado de los bienes materiales es crítica para él, para su jefe y para la organización misma.

"Motivación es igual a prevención."

Un problema que siempre está latente para todos en la vida diaria, es como caemos en un ritmo de piloto automático y a pesar de que podemos decir que motivación no nos falta, es un hecho que este estado; permanente para algunos, juega en contra de nuestra integridad sin que nos demos cuenta. Si tienes la suficiente motivación para no lastimarte y terminar un día igual de completito a como lo iniciaste, estarás dando ese mensaje también a tus colaboradores. Y créanme, no hay mejor recompensa que esta al final de cada día, si no, pregúntense cuando han estado enfermos y no se sienten completos, o más aun, pregúntenle a los que han sufrido algún accidente e incluso han perdido alguna parte del cuerpo, o también a los familiares de personas que han fallecido en accidentes, independientemente que se considere un grado de culpabilidad directo o no.

La motivación es eso que te mueve, que hace que te muevas en la mejor dirección, que busques tus sueños, que trates de que tus hijos quieran seguirte, que busques reconocimiento de las personas que amas y te aman, que dejes ese piloto automático y te levantes cada día con las ganas de dar la mejor versión de ti, poniendo el ejemplo, contagiando valores y una gran vibra positiva a todo el que tiene contacto contigo.

Y a pesar de que podemos afirmar que la motivación individual es influida por nuestro entorno y otros factores externos, incluyendo a las personas que nos rodean, hay que tener claro que para todos y más aún para un Líder, esta empieza con cada uno de nosotros.

"Para motivar, primero hay que motivar-se."

Una pequeña historia para pensar:

Una persona ajena se acercó con uno de los trabajadores de una construcción durante su labor y le pregunto: ¿qué estás haciendo? A lo que el trabajador le respondió: estoy pegando ladrillos.

Luego esta misma persona buscó a un trabajador distinto, pero que realizaba la misma actividad y le hizo la misma pregunta, a lo que el trabajador contesto: "estoy levantando un muro."

Por último se acercó a preguntarle a un tercer trabajador, también haciendo el mismo trabajo y este le respondió: "estamos edificando la iglesia de este pueblo."

Los tres trabajadores con un mismo jefe hace evidente que la motivación individual es distinta, precisamente es ahí donde un buen líder permea la motivación de la misma manera en un grupo y hace o no hace que todos estén alineados en la misma visión.

La moraleja de la historia es muy simple, depende de ti la forma en que ves el vaso, si lo quieres ver medio lleno, lo veras medio lleno, pero si lo quieres ver medio vacío, lo veras de esa manera. Y más allá de esta analogía tan usada en relación a como vemos las cosas, la realidad es que un Líder tiene que ver el lado positivo de las cosas para poder ser un gran motivador de su gente.

Estoy seguro que muchos de ustedes se consideran personas con una actitud muy positiva y hasta unos excelentes motivadores, lo cual no significa que sea incorrecto, simplemente porque hay que partir de la idea para lograr la meta. Pero quizá esta idea en tu cabeza está muy desconectada de lo que ven en ti tus colaboradores o las personas que te rodean. Una forma simple de autoevaluarte es en la forma que hablas sobre seguridad, ya que una persona que ve el lado positivo la mayoría del tiempo hablara sobre las consecuencias positivas de hacer las cosas de la forma correcta, desde la integridad individual, el logro de las metas en tiempo, la armonía en el equipo de trabajo y en la familia. Por el contrario, una persona negativa es a la que le gusta hablar y hasta mostrar las lesiones, la sangre, incluso trata de infundir miedo cuando habla de seguridad, es el clásico Jefe que tiene muy claro su Poder de Coerción y le gusta amenazar con las consecuencias de hacer las cosas de forma incorrecta.

¿Te queda clara la diferencia? Créeme que también a tu equipo de trabajo, a tu familia y a las personas que te rodean les queda clara, aunque quizá no lo concienticen de esta manera, pero si alguien les pidiera una opinión de tu forma de ser, quizá haya algunos que lo primero que les venga a la mente serian interpretaciones con adjetivos como: "es muy enojón", "es muy negativo", "es muy pesimista", "es muy mam@%", entre algunos otros considerados negativos.

En resumen, un buen motivador primero tiene que estar motivado, y tiene que ser una persona que trate de ver las cosas de la forma más conveniente, identificando las fortalezas y las debilidades personales y de su equipo para saber por dónde empujar con ese mensaje de optimismo hacia el logro de las metas, en especial las del equipo.

Involucramiento de todos

Continuando un poco con el tema del trabajo en equipo, me gusta relacionar como los líderes cometen el error continuamente de tener a sus favoritos, y más que tener a sus favoritos, el problema es cuando lo denotan y los demás por obvias razones lo notan. Porque al final del día siempre existirán los titulares en un equipo, pero eso no significa que los demás no sean valiosos para alcanzar las metas, solo es cuestión de encontrar las habilidades de cada uno y hacer que se sientan tan importantes como los considerados más importantes.

"Ningún hombre que quiera hacerlo todo solo o llevarse todo el crédito por hacerlo, será un buen líder".- Andrew Carnegie, industrial estadounidense.

Piensen en un equipo deportivo cualquiera, los jugadores que se quedan en la banca son los primeros animadores, son los que apoyan a entrenar las formaciones durante la semana que a la vez contribuyen a que los titulares practiquen y mejoren ciertas habilidades, y todos tienen y pueden tener una habilidad especifica que se use en ciertas situaciones o partidos. Personalmente me gusta un ejemplo muy cercano en el equipo de basquetbol de la Fuerza Regia en la presente temporada que marchan invictos después de los primeros diez partidos. Me ha tocado ver como el Coach español hace una rotación muy inteligente, de esas que no hacen fácil definir quién es el estrella del equipo, sino que se destacan todos por momentos, algunos más ofensivos, otros más defensivos, unos más agresivos y algunos más tranquilos, este es un gran ejemplo de lo que significa el involucramiento de todos, incluyendo a uno de los jugadores que no juega muchos minutos, se le ve tan motivado al apoyar a sus compañeros, ya que es el primero en saltar a recibirlos cada vez que se pide un tiempo fuera o se termina un cuarto.

> "No apagues la vela de otros si no hará que la tuya brille con más fuerza".- Jaachynma N.E. Agu, autora sobre liderazgo.

Una de las constantes críticas del personal operativo hacia su Supervisor gira en torno al favoritismo que se tiene por algunas personas, y aunque no sea completamente cierto, hay que evaluar porque algunos colaboradores tienen ese sentimiento, quizá muy fundamentado en hechos, que tu como Líder no haz considerado importantes, pero que definitivamente merman en el ambiente de trabajo en equipo que quisieras lograr.

Personalmente he visto decenas de casos donde un Supervisor escoge a un Líder de Grupo basándose en su apariencia y no tanto en su capacidad, también hay casos donde se le asignan tareas especiales a algunos y nunca se toma en cuenta a otros, el líder ni siquiera se atreve a delegarle una tarea difícil o algo retadora a esos otros, porque da por hecho que la persona fallara y no lo hará de la forma esperada, sin darle oportunidad de que se muestre.

"El liderazgo es el arte de conseguir que alguien haga algo que tú quieres porque él quiere hacerlo".- Dwight D. Eisenhower, ex general y presidente de Estados Unidos.

Pero el buen líder no debe darse por vencido con ninguna persona, incluso con los más malandrines. Debe de olvidarse del proceso tan fácil que hace la banda de Recursos Humanos cuando se solicita un remplazo, por la simple y sencilla razón de que una persona no le funciona. El Líder debe ser crítico individualmente y ajustar lo necesario para que no se pierda el talento que pueden aportar esos que se sienten olvidados o que simplemente no han sido aprovechados en lo que pudiera ser su mejor habilidad o talento.

"Nadia sabe más que hay en la olla, más que el que la mueve."

Reforzamiento Positivo

Todos los que tienen la obligación de dirigir personas hacia un objetivo en cualquier aspecto de la vida, desde lo laboral, lo grupal, lo social y lo familiar; tienen que preguntarse:

¿Qué le motiva a una persona para hacer lo que hace?

¿Cómo podemos lograr que una persona de lo mejor de sí?

¿Cómo se alinea el pensamiento en un objetivo en común?

¿Qué necesita una persona para hacer las cosas por convicción más que por obligación?

¿Qué es lo más importante para

una persona en su vida?

Vaya que estas cuestiones son críticas para el buen desarrollo de un Líder en cualquier ámbito, y sin embargo no están presentes de forma consciente. Este es uno de los grandes errores de los que tienen que ser Líderes por obligación y también de los que pretenden ser por convicción. Y por el contrario, no lo es para los que son Líderes naturales que tienen un gran Poder de Referencia, ya que ese es su eje para ejercer su estilo de Liderazgo.

Valorar a las personas hará que a su vez te sientas valorado como Líder, es un comportamiento y sentimiento recíproco. Si tú ves lo mejor en tus colaboradores; ellos darán lo mejor. Si por el contrario piensas que son unos buenos para nada; lo más seguro es que ellos no den lo mejor de sí mismos. La forma en que ves a tu gente, equivale a la forma en como los trataras. Si ves en ellos personas con ganas de superarse, de hacer las cosas bien por su familia, por ellos mismos, comprometidos con la empresa o hasta con la comunidad, entonces trataras de motivarlos para que lo sigan haciendo.

"La primera responsabilidad de un líder es definir la realidad. La última es dar las gracias. Entre ambas circunstancias, el líder es un sirviente". - Max De Pree, escritor y hombre de negocios.

Por el contrario, si ves en ellos a personas que siempre están buscando excusas, atajos hasta para no seguir reglas o procedimientos, incluso de seguridad; entonces los trataras como personas irresponsables, que no entienden los procedimientos y las razones de seguirlos. Al ver a tus colaboradores de esa manera, en ocasiones los trataras como niños tontos que no entienden nada de nada, les gritaras, los amenazaras con consecuencias que luego no cumples y aunque a uno que otro le hace falta, créanme que en estos tiempos en la mayoría de los casos no es conveniente tratarlos de esa manera.

El líder debe conocer y esforzarse por mejorar su habilidad de motivar a las personas, que al final del día son las que le ayudan a lograr los resultados que hacen que tú te veas bien o te veas mal. No solo cuando se trata de cuidar la integridad se debe buscar que las personas cumplan con sus tareas por convicción, más que por una obligación, hay que buscar ese convencimiento transmitiendo el bien común, el de un equipo, de un área, de una compañía, de una comunidad y porque no decirlo: por el bien de la humanidad.

> "Un líder es mejor cuando la gente apenas sabe que existe, cuando su trabajo está hecho y su meta cumplida, ellos dirán: Lo hicimos nosotros". - Lao Tzu, filósofo chino.

En la historia de la humanidad han existido líderes que han sabido inspirar por medio de sus palabras, algunos más hábiles que otros, pero más que palabras rimbombantes, las personas en estos días necesitan que sus líderes les motiven reconociendo el esfuerzo diario y las buenas acciones que usualmente pasan desapercibidas. A veces lo único que hace falta para demostrar ese reconocimiento es un simple agradecimiento sincero, no siempre tiene que haber un premio o un abrazo, puede ser un simple "gracias", pero que no se te olvide que también se demuestra con los gestos y formas de actuar rutinariamente, porque luego ese "gracias" a veces te sale automático y medio forzado y la gente lo nota. Las palabras pueden hacer que alguien que se siente derrotado, aislado en cualquier aspecto, pueda levantarse y lograr cosas extraordinarias, pero desafortunadamente la mayoría de las personas usan más las palabras para reprimir que para felicitar o agradecer. Me atrevo a decir que la mitad de los líderes actuales en las Organizaciones de Manufactura tienen ese modus operandi con sus colaboradores; espero que tú no te sumes a la lista de los que creen que esa es la única forma de lograr que la gente se ponga las pilas y obtenga resultados. Creo que es una equivocación pensar que a una persona no se le puede exaltar porque luego se le sube el orgullo y después ya no se lo puedes bajar; sin embargo, es importante recalcar que tampoco puedes pasar tu día agradeciendo y felicitando por el logro de resultados de rutina o cosas simples que se hacen de forma automática, pero sí hay que voltear a ver estos actos más seguido de lo que lo hacemos, incluyendo en nuestro entorno familiar; agradece más por la cena que te prepara tu esposa, felicítala por la salsa tan rica que preparo, felicita más a tus hijos por el esfuerzo en la escuela e invítalos a que no se achicopalen por una mala calificación, agradece a tus hermanos por la llamada que te hacen o mensaje que te envían, agradece a tus Padres por el apoyo y el gran amor que te han dado y te siguen dando.

Reconocer un comportamiento positivo genera más comportamientos positivos. Al mismo tiempo que haces sentir bien a una persona por haber reconocido su labor, estas generando un compromiso para que continúe haciéndolo, de igual forma que haces un compromiso individual de voltear a ver lo que está de tu parte para que así sea.

Hasta cuando se hacen las cosas mal se puede dar retroalimentación de forma positiva, ya que una persona quizá hizo una actividad de forma incorrecta, pero hasta por lógica, también esa persona hace y ha hecho bastantes cosas de forma correcta. Entonces hay que aprovechar el momento para hablar de las cosas buenas para que no se dejen de hacer y al final abordar la parte negativa que se tiene que mejorar o corregir para revertir un comportamiento o mal resultado.

Así que si queremos que se inicie o se mantenga un comportamiento positivo el cual eventualmente se puede convertir en un habito, el mejor medio es el reforzamiento y más aun cuando se hace de forma positiva. No pierdas la oportunidad para reconocer más, agradecer más y motivar más sin esperar nada a cambio.

"Los líderes sobresalientes hacen un esfuerzo extra para aumentar la autoestima de su personal. Si la gente cree en sí misma, es increíble lo que pueden conseguir".- Sam Walton, fundador de Walmart.

12

Compromiso Visible

Invariablemente, todos los que tenemos hijos y asumimos el rol de Padres de forma responsable; buscamos lo mejor para ellos, esperando que se conviertan en buenas personas, respetuosas, justas, amables, responsables, empáticas, optimistas, puntuales, agradecidas, cooperadoras, sinceras, transparentes, dignas de confianza, disciplinadas, etcétera, etcétera, etcétera.

Quizá me faltaron bastantes adjetivos de lo que uno quiere de su hijo. Deseo que debe ser fácil de concebir, independientemente si le quieres quitar o agregar algunas características. La mala noticia es que no basta querer algo, sino que hay que tener un trabajo constante y consciente para conseguirlo, en especial con el tema de los hijos, que simplemente son como plantas, a las que no solo basta con regar de vez en cuando, sino que hay que mantenerlas en el entorno adecuado, limpiar sus hojas secas o podarlas, además de que hay que darles su dosis de cariño, aunque se considere un tema meramente psicológico a pesar de que está científicamente comprobado que si les ayuda a crecer mejor.

En el 2010 cuando laboraba con mis amigos que te retan a que te tomes un par de litros de agua al día; escuche por primera vez el concepto de "Compromiso Visible", y recuerdo perfectamente la ilustración que se mostró para ejemplificarlo: un niño siendo apoyado por un adulto al momento de aprender a manejar una bicicleta. El amigo Jefe argentino que nos explicó el tema, hablaba de como el apoyo de un Padre hacia un hijo debiera incluir el involucramiento en este tipo de actividades, quizá consideradas simples para muchos, pero que no todos hacen y algunos hasta prefieren no hacer. El compromiso visible se refiere a como no es lo mismo decir algo, querer algo o desear algo a involucrarse para que se convierta en una realidad.

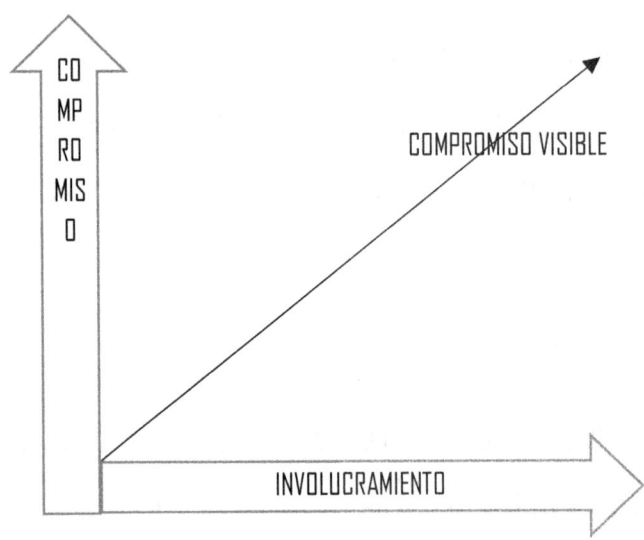

"Walk the talk" es un frase que suena muy bonito en ingles y que traducida de forma no literal seria: "Haz lo que dices", a la cual yo complementaria con una frase más: "Walk the tought", que sería: "Haz lo que piensas". Esta sería la forma en que podemos interpretar de buena forma el concepto del compromiso visible, donde no solo dices, sino que haces; no solo deseas, sino que buscas; no solo quieres algo, sino que luchas para lograrlo, no solo piensas, sino que manifiestas.

"Del dicho al hecho, acorta el trecho".

El Liderazgo en Seguridad te lleva a que partas de la misión de buscar que tus colaboradores se mantengan libres de lesiones y enfermedades en el trabajo. Entendiendo que una misión no es una lista de tareas, sino la razón que está detrás de esta lista. Hasta este punto, tu misión es solo un deseo de bienestar, quizá ni siquiera lo externas, solo lo piensas y lo sientes; por lo tanto es un compromiso consciente, el cual tienes que complementar con el involucramiento y la acción para que este se haga visible.

Sé un profesional en todos los sentidos

A lo largo de 18 años en la industria de manufactura he trabajado y convivido en el ámbito laboral con un aproximado de 1000 profesionistas; Ingenieros de las distintas ramas, Licenciados en su mayoría de Administración de Empresas, Contadores, Químicos y Biólogos, entre otros de carreras afines a los distintos tipos de industria. Cuando digo profesionistas; me refiero a personas que tienen un grado académico a nivel licenciatura, algunos con título enmarcado y hasta colgado en la pared, y otros con títulos que solo la banda de RH conoce o que aún no se obtienen formalmente a pesar de haber concluido una carrera.

Sin temor a equivocarme les puedo decir: que de esos 1000 profesionistas tendríamos que restar un buen numero para calcular el número de profesionales; ya que aunque se parecen los términos, definitivamente no es lo mismo uno y otro.

Un profesional puede incluso no ser un profesionista, por lo menos es algo que personalmente creo aplicable a nuestro querido país como lo menciono en distintas formas en el capítulo 3 y 4, ya que el ser profesional conlleva además de un grado de educación que ayuda a desempeñarse en un campo en particular, la forma en cómo se desempeña una persona, hablando en términos de valores y conductas observables, no necesariamente en la parte técnica, sino en la parte ética y moral.

> "Pocos ven lo que somos, pero todos ven lo que aparentamos". Maquiavelo

Reforzando el concepto del Compromiso Visible en un Líder en Seguridad y como lo debe de reflejar un verdadero profesional; podemos hablar primeramente de cómo se debe estar en búsqueda permanente de mejora, lo cual hace que se eleve la barra personal y eventualmente la del equipo de trabajo. Un profesional que busca la mejora continua en materia de prevención, no solo se compara con las demás áreas de trabajo, sino que busca continuamente como innovar en la comunicación y en la forma en que puede dar seguimiento a los hallazgos y oportunidades detectadas en las condiciones físicas de su área, equipo y herramientas de trabajo.

Un profesional y Líder en Seguridad debe tener a la Seguridad y Salud como valores, no puede ser incongruente y aplicar estos valores solo algunas veces o solo en el trabajo. El tenerlos, no solo hace que sea un

Líder alcanzable muy cercano a su gente, sino que hace que la posible arrogancia y egoísmo que siempre están latentes, no formen parte de su personalidad dentro y fuera del trabajo. Me viene a la mente un Gerente de Mantenimiento muy catarrin que conocí hace un par de años en una Planta por acá en los rumbos de San Nicolás de los Garza, y no tengo nada en contra de los que son borrachines en su tiempo libre o hacen de su tiempo lo que mejor creen conveniente, pero definitivamente nunca le compre su discurso de que él era el más preocupado por su gente en el ámbito laboral, ya que él hablaba de cómo le gustaba arriesgarse fuera del trabajo, no solo manejando en estado de ebriedad en su automóvil, sino manejando su motocicleta deportiva a grandes velocidades porque era parte de una especie de necesidad personal.

"Si dices una cosa y haces otra, lo más probable es que tu gente no te siga con entusiasmo".

Seguir las reglas y procedimientos de forma consistente va de la mano con ser un profesional, incluyendo cuando no se esta tan de acuerdo con ellas. Además que no es opcional medio conocer dichas reglas y procedimientos internos, ya que además de estos, se deberían conocer hasta los requerimientos legales de forma básica, sin afán de convertirse en un experto, es importante que el Líder en Seguridad se preocupe por entender el porqué de las reglas escritas y no escritas, ya que eso también ayuda a detectar las oportunidades de mejora sin necesidad de que alguien más tenga que hacer una inspección o auditoria oficial para que se tenga que actuar en consecuencia.

Pensar y actuar como un gran profesional hará que seas una persona con valores bien cimentados y por ende estarás en el camino correcto de desarrollo, especialmente en las organizaciones que no solo pregonan abiertamente sus valores, sino que de verdad los viven y todos sus trabajadores lo sienten, esas organizaciones donde de verdad se respira una gran cultura centrada en el bienestar de las personas para lograr todos los demás objetivos.

"Para el líder en seguridad no es opcional conocer las reglas y procedimientos internos, además de los requerimientos legales aplicables en la materia".

Y no te me azotes si cometes equivocaciones, incluso de esas que pueden ir en contra de los valores personales y de la empresa, lo que si no es válido es no reconocerlos y especialmente volver a cometerlos, ya que el Líder siempre es el centro de la atención y no puedes hacerte de la vista gorda o pensar que no tienes que rendirle cuentas a tus colaboradores. Si haces caso omiso y la gente lo nota, estarías cayendo en una actitud de valemadrismo o egoísmo, que sin darte cuenta hará que tu gente eventualmente se aleje de ti, a pesar de seguir trabajando contigo.

Por ultimo quiero afirmar que el líder es el puente entre sus colaboradores y la gente de Seguridad, llevar el rol de forma profesional hace que exista una verdadera sinergia y constante cooperación, donde se respeten los limites en ambos sentidos y más que tratar de evidenciar a una de las dos partes, siempre se buscaran negociaciones ganar – ganar, sin afán de protagonismo y siempre en el sentido de cuidar a las personas y mantener un entorno saludable y seguro. Incluso cuando los representantes del área de seguridad y salud no sean tan accesibles, tu profesionalismo puede dar unas buenas cachetaditas con guante blanco, las cuales inconscientemente tendrán un efecto en la forma como se comportan, no solo contigo, sino con tu gente y en tu área.

"Un líder en seguridad siempre busca negociaciones ganar – ganar".

Lidera con el ejemplo

Imagina por un momento que tus colaboradores en lugar de humanos fueran robots programables, aunque con sentimientos humanos.

¿Qué habilidades les cargarías para ejecutar su trabajo?

¿Qué actitudes les quitarías?

¿Qué valores serian críticos para alinearse a los de la empresa?

¿Cuánto tiempo de vida crees que les pudieras dar sin necesidad de mantenimiento?

Ahora piensa en que tú eres un robot programable sin sentimientos, y que lo único que debes hacer es mostrarles a los colaboradores como se hacen las operaciones de forma correcta.

¿Crees que las personas harán las cosas exactamente como se les mostro?

¿Qué crees que les falle seguir reglas y procedimientos?

¿Por qué pueden fallar?

Con esta reflexión quiero enfatizar que poner el ejemplo no es una garantía de que alguien ejecute de forma óptima una tarea o que arraigue un habito de trabajo, mucho menos de que adopte una actitud o se motive de forma automática, pero a pesar de no considerarse una garantía; podemos afirmar que el ejemplo es y debe ser el punto de partida del liderazgo efectivo.

> "El ejemplo no es lo que más influencia a personas. Es lo único".- Albert Schweitzer, filósofo alemán.

Cuando tienes la firme convicción de que las personas son el recurso más importante que tienes para lograr los objetivos, el poner el ejemplo es de lo más fácil cuando se hace de forma consciente, ya que no debería ser extraordinario cumplir con los puntos básicos como el uso de equipo de protección personal, caminar por los pasillos peatonales asignados, no permitir que se obstruya equipo de respuesta a emergencias o rutas de evacuación, entre otros detalles quizá menos básicos relacionados con el uso de la herramienta adecuada, la colocación de guardas de seguridad o posibles posturas inadecuadas.

El líder debe partir de su misión para ser consciente del compromiso adquirido, primero de forma personal para que posteriormente se permee en el compromiso hacia su equipo. Una misión con altas expectativas tiene inmersa al ejemplo, simplemente no puede estar separada esa parte imitable en sentido positivo, ya que también siempre estarán al alcance los modelos negativos.

"Ejemplo es liderazgo".

Un consejo muy particular para que no olvides la importancia de poner el ejemplo, es que escribas tu misión, esas razones por las que consideras importante el bienestar de tus colaboradores, y porque no; las razones por las que quieres motivar y hasta inspirarlos para que se cuiden, cuiden a su familia, a sus compañeros y hasta los bienes materiales.

Piensa en las razones por las que te levantas todos los días y tratas de ser mejor persona, mejor padre, mejor jefe, mejor líder. Y si no tienes en tu lista de razones el ser un ejemplo para tus hijos, para tu pareja, o para tus colaboradores; entonces no eres un líder.

"Si quieres construir un ambiente de seguridad en tu equipo, tienes que partir contigo mismo".

13

El decálogo del Líder en Seguridad

Un Líder en Seguridad:

1. Parte de la misión de cuidar la integridad de sus colaboradores.
2. Sabe identificar peligros y evaluar riesgos de forma objetiva.
3. Conoce e interpreta adecuadamente reglas, procedimientos y normatividad aplicable.
4. Refuerza continuamente los actos seguros y el cumplimiento de objetivos.

5. Aplica consecuencias negativas de forma justa sin favoritismos.
6. Comunica aplicando empatía sólida, creatividad y respeto.
7. Admite sus errores públicamente y se compromete a no cometerlos nuevamente.
8. Es profesional y se hace cargo del seguimiento de hallazgos que aumentan el riesgo de accidentes en su área.
9. No obliga, si motiva, si convence e inspira.
10. Muestra su compromiso visible con hechos, no solo con palabras.

Agradecimiento

La parte fácil de culminar un trabajo, puede ser la más difícil, o sea; el final y sin temor a equivocarme, este libro creo que lo hubiera terminado hace dos años si no hubiera tenido a mis dos hermosos hijos, pero definitivamente no hubiera quedado como quedo si ellos junto con mi amada esposa no formaran parte de mi vida.

"Para lograr los sueños, hay que mantenerse despierto."

Primera edición, noviembre del 2016

Derechos reservados © 2016 Flavio Loera Gabriel

Todos los derechos reservados.

Ilustraciones: Sin derechos de autor

ISBN-10:1540443922

ISBN-13:978-1540443922

Número de Registro Público de Derecho de Autor: Pendiente

Ninguna parte de esta publicación podrá ser reproducida o transmitida en cualquier forma, o por cualquier medio electrónico o mecánico, incluyendo fotocopiado sin autorización por escrito del editor titular de los derechos.

www.ingramcontent.com/pod-product-compliance
Lightning Source LLC
Chambersburg PA
CBHW061437180526
45170CB00004B/1448